CREACIÓN DE PUBLICACIONES DIGITALES

PARA MÚLTIPLES PANTALLAS

RedUSERS

USERS

TÍTULO: CREACIÓN DE PUBLICACIONES DIGITALES

COLECCIÓN: Seriado

FORMATO: 24 x 17 cm

PÁGINAS: 192

ISBN 978-987-734-020-4

Anónimo

Creación de publicaciones digitales / Anónimo; coordinado por Gustavo Carballeiro- 1a ed. - Ciudad Autónoma de Buenos Aires : Fox Andina; Dalaga; Rusticheta, 2015.

192 p. ; 24x17 cm. - (Seriado; 17)

ISBN 978-987-734-020-4

1. Informática. I. Título, Gustavo, coord. II. Título.

CDD 005.3

Prólogo

Es claro que cuando nos referimos a publicaciones de libros y revistas ya no solo hablamos de lo impreso, el mundo editorial ha ampliado sus fronteras. Hoy en día, podemos leer un libro en nuestra computadora, smartphone, tablet o cualquier otro dispositivo de lectura. El libro en papel, tal y como lo conocíamos hasta ahora tiene más de cinco siglos de edad, mientras que el digital poco más de 50 años. Fue a comienzos de la década los setenta, cuando Michael Hart dio vida al **Proyecto Gutenberg** con la finalidad de distribuir de forma gratuita y vía electrónica las obras que se encontraban en dominio público. Inicialmente, los libros disponibles eran solo de texto. Pero con el advenimiento de Internet, este emprendimiento alcanzó su máxima altura de crucero, y actualmente posee una biblioteca virtual con más de 48.000 ejemplares disponibles en varios formatos.

En nuestros días, infinidad de obras de dominio público están al alcance de todos en la web; y editoriales y librerías tienen su propio sitio web y realizan a través de él la comercialización de libros. La primera gran librería online fue Amazon, surgió en 1995, con más de 3 millones de títulos y fue la precursora de la comercialización electrónica de libros. En 2007, esta tienda lanzó uno de los primeros dispositivos de lectura: el **kindle**.

Las publicaciones que solo están disponibles en versión digital cada día son más, lo que implica un ahorro respecto de una publicación impresa. Estamos ante la presencia de una nueva forma de distribuir los libros, pero también debemos mencionar que estamos ante una novedosa manera de leerlos. Ya no solo contamos con texto corrido e imágenes, los nuevos formatos pueden incluir videos, animaciones y hasta música. En la actualidad, la variedad de dispositivos tecnológicos, es decir, los múltiples tipos de pantallas que ofrece el mercado brindan una infinidad de posibilidades a la hora pensar formatos y diseños.

Podemos decir que gran parte de las publicaciones electrónicas tiene como antecedente una publicación impresa.

Sean o no una variante de esta última, el recorrido de lo impreso a lo digital no solo implica un cambio en la forma de leer, como mencionamos anteriormente, también requiere una transformación en el lenguaje para su elaboración. Hoy, a partir del abanico de posibilidades que brindan los programas para el diseño y la creatividad de quienes las producen, se crea un nuevo producto con una estructura y una estética innovadora, que son capaces de transmitir hipertextualidad. Estamos ante la presencia de documentos con muchas voces que enlazan distintas piezas —música, texto, material audiovisual, entre otros— gracias a la tecnología digital.

Por todos estos motivos es que nos proponemos analizar el desarrollo de estas publicaciones que implican una renovación en el mundo editorial tal y como lo conocíamos hasta hace unos años atrás. A lo largo de este libro, revisaremos la historia de las publicaciones digitales, sus características y particularidades; profundizaremos en los formatos existentes y adquiriremos el manejo necesario de **Adobe InDesign**, programa de uso profesional para la maquetación editorial que nos permitirá realizar nuestro propio material. Por medio de esta obra, brindamos las herramientas necesarias para concretar un proyecto exitoso, con el objetivo de poder dar el salto hacia lo digital.

El libro de un vistazo

Este libro está destinado a todas aquellas personas que tengan el interés de llevar adelante su propia publicación digital. A lo largo de los capítulos, nos iremos introduciendo en este nuevo mundo y conoceremos los pasos a seguir para crear y diseñar, a través de InDesign, una publicación electrónica.

*01 EL MUNDO DE LAS PUBLICACIONES DIGITALES

En este primer capítulo, nos introduciremos en el mundo de las publicaciones digitales. Realizaremos un breve recorrido por la historia de estos documentos y veremos las características generales de los libros electrónicos, los formatos que se encuentran más difundidos y las características de algunos dispositivos de lectura que existen en el mercado. Al mismo tiempo, analizaremos los medios de protección y las formas de publicación existentes.

*02 INTRODUCCIÓN A INDESIGN

Adobe InDesign es hoy el programa profesional para la maquetación editorial, ya sea para productos impresos o digitales.
En este capítulo, comezaremos a introducirnos en su manejo. Conoceremos la interfaz de la aplicación y veremos las herramientas básicas, referidas a texto, párrafo, estilos y tipografía. Toda esta información nos permitirá comenzar a pensar en el diseño que tendrá nuestra publicación electrónica.

*03 ELEMENTOS PARA MAQUETACIÓN Y ARMADO

En este apartado, continuaremos desarrollando las funcionalidades de InDesign y nos centraremos en las herramientas necesarias para la maquetación y el armado de nuestra publicación. Veremos qué es una página maestra y explicaremos qué es una grilla editorial y su importancia al momento de realizar una pieza editorial compleja. También veremos los métodos adecuados para incluir imágenes y aprenderemos a realizar fomas básicas con el programa.

*04 OPCIONES INTERACTIVAS

Aquí aprenderemos cómo crear y modificar los elementos interactivos que podemos incluir en los documentos de InDesign y la manera correcta de exportarlos para que puedan ser reproducidos en páginas web o medios digitales, como un smartphone o una tablet. Para finalizar, conoceremos las diferentes opciones de exportación para cada uno de los formatos más utilizados en este tipo de documentos interactivos.

*05 PREPARACIÓN DE DOCUMENTOS PARA MÚLTIPLES PANTALLAS

En este capítulo desarrollaremos los conceptos básicos al momento de emprender un proyecto para realizar una publicación electrónica con InDesign. Abordaremos el concepto de maquetación líquida, que nos permite crear documentos y adaptar su formato, ya sea para ser reproducido digitalmente o impreso.

*06 PUBLICACIÓN DIGITAL CON DPS (DIGITAL PUBLISHING SUITE)

Conoceremos la Suite para Publicaciones Digitales de Adobe, un conjunto de herramientas y servicios online que nos permite crear desde un documento de InDesign hasta publicaciones para para Ipad o Kindle. También veremos cómo convertir nuestra maqueta en una publicación interactiva en formato FOLIO.

*07 CÓMO CREAR PUBLICACIONES EN FORMATO EPUB

En este apartado, veremos cómo crear publicaciones en formato EPUB, el estándar por excelencia de las publicaciones electrónicas, a través de documentos de InDesign. Veremos cómo trabajar texto, imágenes, estilos y la manera correcta de exportar estos documentos.

*08 PUBLICACIONES DIGITALES EN FORMATO PDF

Finalizaremos el recorrido con las características principales del formato PDF dado que muchas publicaciones digitales lo utilizan. Veremos la forma de generar este tipo de documentos, cómo editarlos y la manera de trabajar en ciclos de revisión. También analizaremos la forma de guardar desde Acrobat.

INFORMACIÓN COMPLEMENTARIA

A lo largo de este manual, podrá encontrar una serie de recuadros que le brindarán información complementaria: curiosidades, trucos, ideas y consejos sobre los temas tratados. Para que pueda distinguirlos en forma más sencilla, cada recuadro está identificado con diferentes iconos:

CURIOSIDADES E IDEAS

ATENCIÓN

DATOS ÚTILES Y NOVEDADES

SITIOS WEB

Contenido

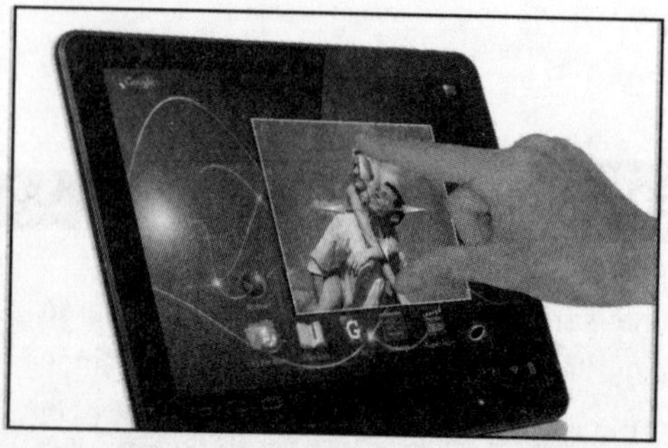

USERS
Curso visual y práctico
4
DISEÑO
GRÁFICO
DIGITA
TRABAJO CON CAPAS
FOTOMONTAJE
PÁGINAS EN INDESIGN

*04 Opciones interactivas

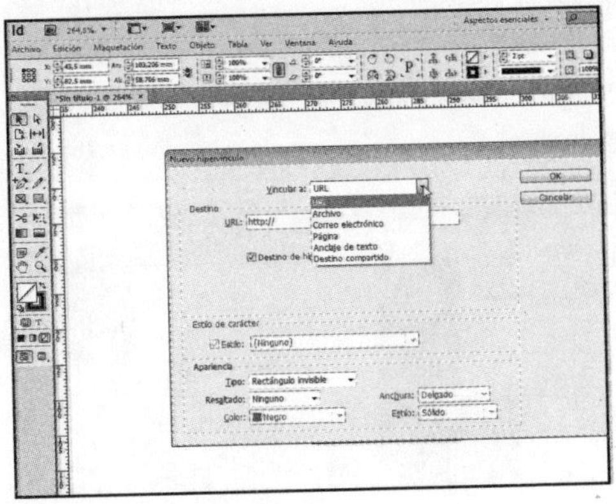

*05 Preparación de documentos para múltiples pantallas

*06 Publicación digital con DPS (Digital Publishing Suite)

*07

Cómo crear publicaciones en formato EPUB

*08

Publicaciones digitales en formato PDF

Introducción

Este manual está destinado a todas aquellas personas, que con conocimientos previos o no, tengan el interés de llevar adelante la creación y el diseño de una publicación electrónica para poder ser leída en múltiples pantallas como tablets y smartphones. Nuestro objetivo es brindar las herramientas necesarias para que el lector, a través del manejo del programa InDesign, pueda dar forma a su propio proyecto, siguiendo los pasos que brindaremos en este libro.

Haremos un breve recorrido por la historia de las publicaciones digitales. Conoceremos sus características, los formatos disponibles, los medios de protección y las formas de publicación.

Luego, nos dedicaremos a realizar una extensa explicación sobre el manejo de InDesign, aplicación por excelencia, tanto en la gráfica como en lo digital, para la maquetación profesional de libros y revistas.

A continuación, desarrollaremos los conceptos referidos a maquetación y armado. Aprenderemos qué es una página maestra y una grilla editorial, estructura base al momento de diseñar una pieza editorial compleja. También describiremos cómo trabajar con imágenes y cómo realizar formas básicas con este programa.

Dado que un rasgo característico de este tipo de documentos es la interactividad, veremos cómo crear y modificar los archivos interactivos que es posible incluir en e-books: animaciones, sonido, video.

Veremos cómo adecuar nuestros documentos de InDesign para ser visualizados en diferentes pantallas y desarrollaremos el concepto de maquetación líquida. Conoceremos el conjunto de herramientas y servicios *online* que nos brinda la Suite de Publicaciones de Adobe, que nos permite crear desde proyectos en InDesign hasta publicaciones para Kindle o tablets. Para sintetizar lo aprendido respecto del programa de maquetación, veremos cómo crear publicaciones en formato EPUB.

Para cerrar el recorrido, desarrollaremos en el último capítulo las características del formato PDF, estándar internacional de difusión electrónica de documentos. Veremos cómo generar, editar y revisar estos documentos.

*01

El mundo de las publicaciones digitales

Todo desarrollo tecnológico trae aparejado cambios, despierta mitos y verdades no totalmente ciertas acerca de su funcionamiento. En este capítulo, conoceremos los inicios de las publicaciones digitales, los formatos disponibles en la actualidad, y los medios de protección y sistemas de publicación existentes.

Introducción

Es inevitable pensar en los cambios tecnológicos que se generan a través de los años y cómo estos influyen en la gente, que debe adaptarse a las innovaciones tecnológicas. En el pasado, estos cambios habían sido privados al público en general. Hace 500 años no todos tenían acceso a la información, solo los sectores de mayor jerarquía; el resto de la población se mantenía en la ignorancia. Actualmente, con los avances tecnológicos y los nuevos dispositivos, como las tablets y smartphones, es sencillo acceder a toda clase de información con un solo clic.

Figura 1. Los nuevos dispositivos, diseñados con una interfaz que brinda una mejor experiencia de usuario, nos permiten leer libros.

Debido a la masividad de estos aparatos y su fácil acceso a la información, los medios debieron adaptar su contenido a los nuevos formatos y al mercado que demandaba estas nuevas formas. Se podría decir que la televisión comenzó a competir con plataformas virtuales como **YouTube** y **Vimeo**; la radio, con **Last.fm** y **Spotify**; y los medios editoriales, con bibliotecas digitales en las cuales uno puede encontrar u obtener por poco dinero lo que necesite, como es el ejemplo de **Google Books**. La competencia inicial provocó que grandes e importantes empresas quebraran frente a la amplia democratización de la información y el acceso gratuito.

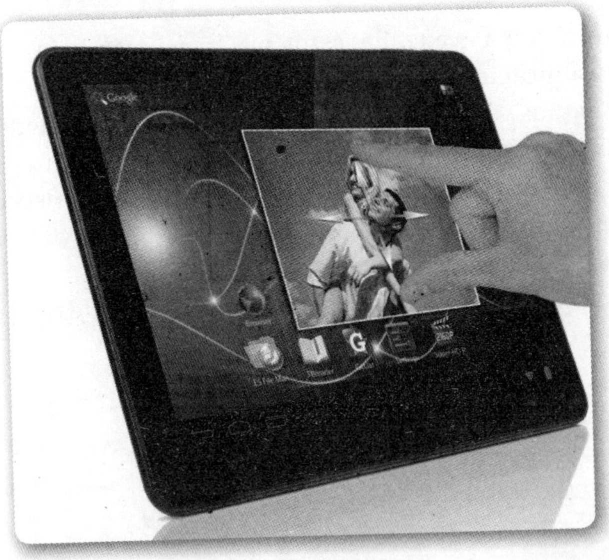

Figura 2. Con unos simples movimientos podemos abrir o cerrar información, agrandar o achicar imágenes, solo con un código diseñado para los dedos.

El medio que investigaremos en esta ocasión es el editorial, el cual involucra diarios, revistas, enciclopedias y toda clase de libros. Ya sea material impreso o virtual, en la actualidad, la forma de diseñar ha cambiado, por medio del progreso de las computadoras y la evolución en los programas de diseño editorial tales como **Quark X Press**, **Page Maker** e **InDesign CS6**, nos permiten generar de manera sencilla una maquetación y un armado editorial.

Figura 3. Un simple chip dentro de una carcasa protectora de plástico o metal nos permite transportar una gran cantidad de información.

A medida que la tecnología avanzaba, estos programas también fueron desarrollando aplicaciones y funciones para adaptarse a los nuevos formatos, como los —ya mencionados— tablets y smartphones. Previamente estuvieron los e-readers, que aún siguen existiendo pero están siendo reemplazados de a poco por los programas mencionados anteriormente. Los e-readers, lectores de libros electrónicos, tuvieron su momento de popularidad antes de la llegada de los nuevos dispositivos, ya que estos últimos ofrecen una gran cantidad de aplicaciones que los reemplazan.

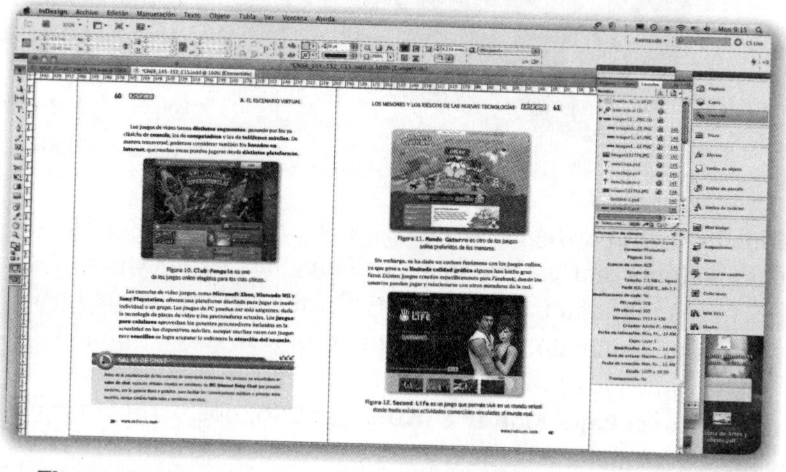

Figura 4. El programa de diseño editorial nos permite crear tanto revistas y libros para el mundo real como para el virtual.

Retomando nuestro software de diseño editorial, este ha presentado en cada versión del paquete Adobe, al igual que los demás programas, actualizaciones y funciones creadas para aplicar al mundo web. Por ejemplo, **Illustrator** fue presentando plantillas prediseñadas para trabajar en los distintos formatos de celulares. Es decir que los programas fueron evolucionando para satisfacer las nuevas demandas. Lo mismo sucedió con **InDesign**, el cual desde las últimas versiones comenzó a tener disponible la opción de exportar los trabajos en el formato **.EPUB** (*Electronic Publication*). Esta clase de exportación permite transformar nuestro diseño editorial y traducirlo en un código para ser leído en los dispositivos antes mencionados, como e-readers, o también con el software **Adobe Digital Editions** que permite organizar, leer y comprar libros.

Figura 5. Este formato nos permite transformar nuestro proyecto realizado en el programa InDesign, al exportarlo para ser visualizado en e-readers.

Historia de las publicaciones digitales

Hoy no cabe duda de que los medios electrónicos están presentes en nuestras vidas y nos acompañan en cada actividad que realizamos. Pongamos como ejemplo la simple idea de olvidar, en algún sitio, el teléfono móvil, y pensemos en el desconcierto que ello nos produce. Lo cierto es que, cada día que pasa, nuestra relación con las nuevas tecnologías se profundiza tanto que llegamos a dejar de percibirlas como novedosas, y, al poco tiempo de comenzar a utilizarlas, pasan a ocupar en nuestras vidas un lugar común, casi imperceptible. Este cambio de paradigma puede perjudicar o beneficiar a las empresas, según cómo puedan subirse a estas olas de cambios. Esto ha sucedido con la radio, el cine, la televisión e internet, y podemos estar seguros de que sucederá también con las **publicaciones digitales**, documentos desarrollados a través de un software de computadora, representados en diferentes formatos y soportes electrónicos que posibilitan una interactividad mayor, dada la calidad de la información que contienen (animaciones, videos, música, etcétera).

Figura 6. La famosa revista **Life**, que contó con famosas fotografías las historias del momento, llegó a su fin con el avance tecnológico.

Hay dos casos interesantes para analizar cómo esta evolución de las publicaciones digitales puede perjudicar o beneficiar a las empresas. El primer caso se refiere a la revista norteamericana de interés general **Life**, la cual, al pasar las décadas, fue desapareciendo: comenzando con publicaciones semanales, luego mensuales, terminó siendo un suplemento más en los diarios. Esta revista contó con imágenes realizadas por grandes fotógrafos de la historia, como Robert Capa. Adquirida por la revista **TIME**, realizó su última publicación impresa antes de pasar a publicarse en una versión online que finalmente terminó convirtiéndose en una sección del sitio web **Time.com** en

NUEVO LENGUAJE

A medida que se fueron desarrollando las tablets, se fue diseñando un lenguaje diseñado para las manos más que para los ojos. Ya que lo estático de lo impreso está diseñado para ser visto tal como es, lo virtual está diseñado para experimentar con las manos.

donde se muestra un portfolio e historia de las imágenes utilizadas en la antigua revista: **life.time.com**. Frente a la competencia, la revista Life no pudo adaptarse a los nuevos tiempos en los que la información tiene que ser cada vez más sintética y rápida. En el sitio web de Google Books pueden verse algunos ejemplares digitalizados de la revista. Vale mencionar como una curiosidad, la película dirigida y protagonizada por Ben Stiller, *The Secret Life of Walter Mitty*, en la que el personaje principal trabaja en la revista *Life* y en el medio de la trama principal se observa el traspaso de la revista trabajando para su última versión impresa y su paso al mundo online.

El otro ejemplo —en este caso, exitoso, debido a su adaptación a los nuevos formatos y dispositivos— es el de la cadena de televisión **ESPN**, responsable de temas deportivos, que empezó en la televisión y luego sumó otros medios como la radio y sitios web. Uno de los últimos medios al cual se incorporó son las publicaciones digitales o también llamadas **revistas interactivas**, las cuales se pueden visualizar en las tablets por medio de la descarga de la aplicación correspondiente.

Con este nuevo medio de publicación adquirido, la compañía ESPN pudo llegar a un nuevo público y cubrir otro aspecto esencial que le faltaba, el sector editorial (y, en este caso, digital). Este tipo de revista contiene videos, información y gráficos interactivos. Es lo último en diseño editorial: la revista comienza a tomar otro aspecto, lo estático comienza a ser dinámico, lo que antes era solo una mención a un link o a un video, ahora está disponible en el momento para poder visualizarlo. Todo esto le saca ventaja a cualquier versión impresa: es la información al instante y actualizada.

> INDESIGN ES HOY LA HERRAMIENTA CLAVE PARA EL DISEÑO DE PUBLICACIONES DIGITALES ”

Estas publicaciones digitales, como las revistas interactivas de las que ya hablamos anteriormente, intentan recrear la experiencia con el usuario como si fuera algo impreso. Desde las primeras publicaciones digitales que aparecieron, las páginas tenían botones o una barra scroll para poder continuar leyendo. Pero, luego de un tiempo, las mejoras en el campo multimedia permitieron desarrollar el paso de las páginas imitando como es en la realidad. Inclusive se representa el mismo sonido real de cuando se cambia la página.

Desde el momento en que se generaron esos cambios, comenzaron a aparecer varios sitios web en donde se aplicaba lo mencionado. De este modo, los botones y las barras scroll quedaron en el pasado frente a la representación más real de un dispositivo que trabaja con la virtualidad. Con la implementación de las pantallas táctiles se pudo mejorar la interactividad con el usuario.

Figura 7. Si hablamos de bibliotecas virtuales, no debemos olvidarnos de mencionar a **Google Books**, que cuenta con revistas y libros de toda clase.

Hay sitios web destacables que contienen miles de revistas y libros. Uno de ellos es Google Books, que contiene una gran cantidad de publicaciones digitalizadas, como mencionamos anteriormente. Aquí contamos con la barra de scroll para poder leer página a página. Otro sitio muy interesante, que, además de tener una gran cantidad de revistas, nos permite hacer las nuestras, es **issuu.com**. Podemos subir el formato **.PDF** exportado desde InDesign. Primero creamos nuestro diseño editorial en el programa, luego lo exportamos, lo subimos

CAPACIDAD

Es increíble que toda la literatura del mundo, incluyendo todas las áreas y saberes, pueda entrar en un disco rígido, o cientos de libros en un *pendrive*. La información vivió una transformación a lo largo de los años, en la que pasó de ocupar un espacio real a unos milímetros en un chip que puede transportarse en el bolsillo sin molestia alguna.

al sitio web y este generará una publicación digital que podremos compartir con una URL personal.

Estas nuevas plataformas se están haciendo muy populares, ya que permiten a cualquier usuario tener su propia revista digital en cuestión de segundos. Debemos tener en cuenta que estas no son interactivas como las revistas de ESPN, pero ofrecen una visualización interesante al momento de la lectura.

Figura 8. Issuu comenzó a ganar popularidad debido a la fácil creación de publicaciones digitales a partir de un PDF.

Todos estos nuevos sitios permiten que la información que uno necesite esté al alcance con solo algunos clics. Es inevitable pensar en la desaparición de las bibliotecas reales frente a estas nuevas ofertas. Si bien estos dispositivos resolvieron el tema de la luminosidad, para poder ser legibles y no molestar la vista —como lo hacían antiguos dispositivos para leer—, todavía hay algo que no fue posible resolver: un libro no tiene batería y tiempo de agotamiento.

Algo sorprendente sucedió en el año 2008 con el 75° aniversario de la revista norteamericana para hombres, **Esquire**. Se realizó la portada con una tinta electrónica que permitía el dinamismo de las imágenes, algo solo antes visto en películas futuristas. Ya han pasado varios años desde este suceso y no parece haber evolucionado algún aspecto de lo impreso con respecto a la innovación de la revista de hombres.

La competencia con las aplicaciones para celulares y tablets es muy grande. El atractivo de estas últimas reside en su actualización constante frente a lo estático y temporal de lo impreso. Pronto veremos si las delgadas pantallas flexibles que se vienen experimentando hace años —principalmente para los nuevos celulares o relojes de mano, en los cuales se reproduce información y uno tiene interacción como con una tablet o cualquier dispositivo de última generación— reemplazarán en algún momento a todo lo impreso.

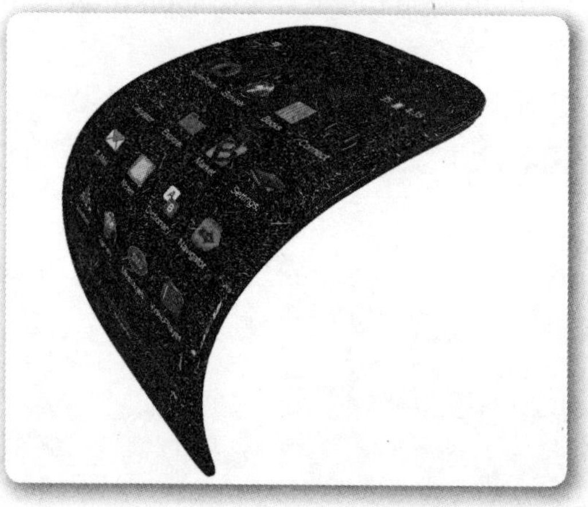

Figura 9. Las pantallas flexibles son el futuro de la información según los videos que publicitan algunas corporaciones mostrándonos un futuro tecnológico.

Nos encontramos en un momento de la historia en el que todo se necesita lo más pronto posible y en el que cualquier objeto que no esté conectado a internet es solo información temporal.

Las grandes empresas tecnológicas nos muestran, con su visión, futuros donde todo es táctil y cualquier objeto que está involucrado en nuestras vidas está conectado a una red de internet que nos informa constantemente sobre cualquier cambio. Videos conceptuales y futuristas donde no existe lo impreso, donde todo se transmite en grandes pantallas táctiles que se ven tanto en los hogares como en los espacios urbanos.

Es posible que frente a este enorme avance de la rapidez de la información, lo impreso no pueda competir y llegue un punto en que desaparezca.

Este libro aborda parte del nuevo escenario que se plantea a nuestro alrededor en este ámbito y está dedicado a todas las personas que, por diferentes motivos, se topan a diario con el desafío de digitalizar libros y documentos de todo tipo: aquellos que desean crear una versión digital de un libro cuya publicación será impresa, los diseñadores y maquetadores que deben imaginar ediciones ajustadas a las expectativas de sus clientes y empresas que han decidido migrar gran parte (o la totalidad) de sus documentos y publicaciones a formatos digitales.

El libro eléctrónico o e-book

Cuando nos referimos a que una publicación está en formato e-book, solo decimos que se trata de un libro que no está impreso, lo cual no indica que no se pueda imprimir. El libro electrónico puede ser una réplica del libro impreso; de hecho, si escaneamos un libro de papel, obtenemos un e-book. Sin embargo, en el mejor de los casos se trataría de una serie de imágenes sueltas o compiladas en formato **PDF**.

En verdad, una publicación electrónica no tiene por qué ser una réplica de un libro impreso, e incluso tal vez no tenga que existir para cada producto digital su correlato en impresión.

Los primeros libros electrónicos fueron creados por Michael Hart (1947-2011) en 1971 para el **Proyecto Gutenberg**, y estaban basados en formato **solo texto**, o sea, **TXT**. La finalidad del proyecto fue crear una biblioteca de libros electrónicos gratuitos a partir de aquellas obras que ya existían físicamente.

En la actualidad, la Organización Gutenberg continúa brindando a la comunidad internacional su fabulosa biblioteca, de manera absolutamente gratuita. Dentro de su oferta de más de 48.000 ejemplares, es posible elegir formatos como **TXT**, **EPUB**, **MOBI**, **LIT**, **PDF** y **HTML**, entre otros.

Podríamos suponer que, desde la aparición del Proyecto Gutenberg hasta nuestros días, no hubo demasiados avances. Sin embargo, a pesar de que los textos podían estar digitalizados y listos para su edición, el mercado editorial tenía que afrontar un gran desafío: migrar su fondo editorial al medio digital y, a la vez, hacer que ello fuera rentable.

LOS PRIMEROS E-BOOKS, CREADOS POR MICHAEL HART EN 1971, SOLO TENÍAN TEXTO CORRIDO

EL FUTURO

Gracias a las impresionantes producciones de cine, podemos experimentar de forma visual diferentes aspectos de las sociedades futuras. Una de las películas que más trabaja con la idea de las pantallas flexibles digitales es *Minority Report* (2002), dirigida por Steven Spielberg. Allí podemos apreciar cómo lo impreso se transforma en finas placas que contienen información interactiva.

Por otra parte, ¿qué formatos elegir para afrontar tal transformación? Toda novedad tecnológica exige soportes adecuados que posibiliten su implementación. En el caso de los libros digitales, el soporte era una red de computadoras conectadas entre sí a través de una incipiente internet, pero todavía se perfilaba muy lejana la idea de contar con un dispositivo móvil que pudiera almacenar libros electrónicos, tal como sucede en la actualidad.

Por otro lado, el formato adecuado debía tener algún tipo de compilación. Fue así como, en 1999, a partir de la estructura *Open eBook Publication* u **OEB** (creada sobre la base del lenguaje HTML), se definieron tres estándares: **OPS** (*Open Publication Structure*), **OPF** (*Open Format Packaging*) y **OCF** (*Open Container Format*), los cuales sirvieron de base para los formatos **EPUB** y **MOBI**.

Lectores digitales

Si bien a lo largo de la historia del siglo XX hubo varias tentativas de crear dispositivos para leer libros electrónicos o digitales, lo cierto es que el intento más destacado ocurrió en 1992, cuando **Sony Corporation** lanzó su **Data Discman**. Se trataba de un aparato capaz de leer CDs, que poseía una pantalla LCD en escala de grises y, aunque no prosperó en términos comerciales, resultó el precursor de estos dispositivos debido a este tipo de pantalla.

Unos años más tarde, en 1996, se creó en el **MIT** (*Massachusetts Institute of Technology*) la llamada **tinta electrónica** (**e-ink**), que permitió el desarrollo de los primeros lectores digitales basados en esta tecnología, también conocida como **papel electrónico**. Uno de estos primeros dispositivos apareció en el año 2007: fue el **Kindle**, de **Amazon**.

Otro de los dispositivos —aunque con menor repercusión— fue el **Cybook Gen1** de 1998, más conocido en su versión **Gen3** de 2007.

PROYECTO GUTENBERG

Tres frases que sintetizan los principios del Proyecto Gutenberg son: "Fomentar la creación y distribución de libros electrónicos"; "Ayudar a quebrar los barrotes de la ignorancia y el analfabetismo" y "Dar a las personas tantos libros electrónicos como sea posible".

Interesante ha sido el caso de **iRex DR800** de la empresa **Irex**. Este dispositivo apareció en 2009 con características particulares, como el uso de Linux como sistema operativo. Sin embargo, en 2010, la empresa se declaró en quiebra.

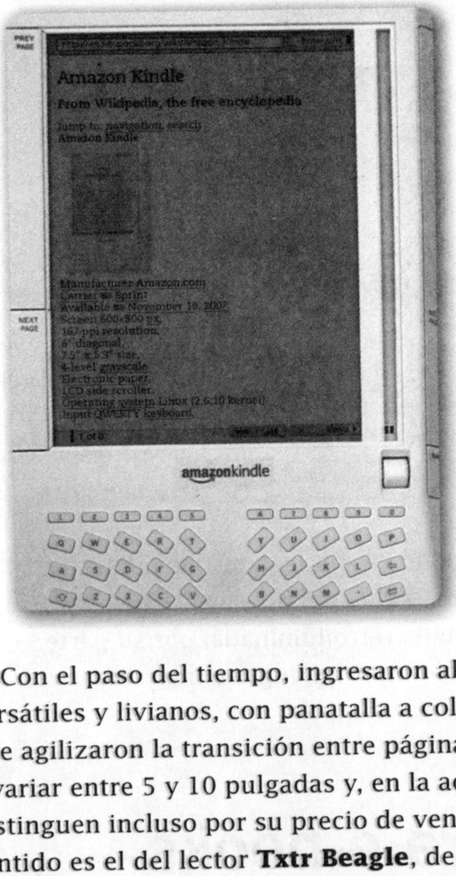

Figura 10. El primer **Kindle** de **Amazon** introdujo el uso masivo en dispositivos electrónicos de lectura.

Con el paso del tiempo, ingresaron al mercado dispositivos más versátiles y livianos, con panatalla a color, no solo blanco y negro, que agilizaron la transición entre páginas. Los tamaños comenzaron a variar entre 5 y 10 pulgadas y, en la actualidad, los lectores se distinguen incluso por su precio de venta. Un caso relevante en este sentido es el del lector **Txtr Beagle**, de origen alemán. No posee una batería recargable, sino que fue pensado para que, con dos pilas AAA, se pueda leer entre 12 y 15 libros al año.

NOVEDADES EN TABLETAS

Una buena idea para estar al tanto de los últimos modelos y tendencias en cuanto a las tabletas y sus prestaciones es la visita a sitios especializados, como **http://tabletzona.es**, **http://tablets-review.toptenreviews.com** y **http://tabletpccomparison.net**.

Luego, con la aparición de las pantallas **LED** (*Light-Emitting Diodes*), comenzaron a proliferar los **dispositivos retroiluminados** (también conocidos como **tabletas** o **teléfonos inteligentes**), por lo cual hoy conviven en el mercado ambas tecnologías.

Figura 11. En la actualidad los teléfonos inteligentes se han convertido en nuevos dispositivos de lectura.

Los dispositivos de tinta electrónica son más recomendables a la hora de leer textos corridos (principalmente novelas, ensayos y otros géneros sin imagen); los de pantalla retroiluminada, por su parte, resultan óptimos para navegar por internet, jugar o interactuar con aplicaciones multimedia.

Formatos para e-books

A la hora de pensar en la edición de estas publicaciones, tendremos que definir qué formato se adaptará mejor a los contenidos: si será un estándar y podrá leerse en cualquier dispositivo o si nos interesa que funcione solo en ciertas tabletas o lectores electrónicos. Además, otro elemento sustancial será la elección del software para su edición: por ejemplo, **Word, InDesign**, **iBooks Author** y **LaTeX**, entre otros.

Tal como sucedió con la web en la década de 1990, con la llamada "guerra de los navegadores", hoy nos encontramos con que no todos los dispositivos pueden leer los mismos formatos y aplicaciones.

Figura 12. La aplicación **iBooks Author** se puede descargar desde el **Mac App Store**.

Existen, básicamente, sistemas operativos para computadoras (**Windows**, **Mac OS**, **Linux**, etcétera) y sistemas para telefonía móvil, lectores electrónicos y tabletas. Dentro de esta gama, se encuentra **Android** (sistema operativo de Google que funciona en numerosos teléfonos y tabletas, como **Sony Reader**, **Kindle Fire**, **Barnes & Noble Nook** y **Samsung Galaxy**), **IOS** (para dispositivos de Apple, como **iPhone**, **iPad** y **iPod touch**) y, también, **Windows** (para tabletas, como **Surface** o **Lenovo ThinkPad**).

Dentro de este espectro, los **formatos de archivo propietarios** (como **MOBI**, **LIT**, **AZW** y **KF8**, entre otros) solo podrán ser leídos dentro de los lectores correspondientes. Por esta razón, además del sistema operativo que posea el dispositivo, se debe considerar el formato adecuado para cada software.

En la siguiente tabla, podremos observar una comparación entre las propiedades de algunos de los formatos existentes para la creación de libros digitales.

FORMATOS DE ARCHIVO PROPIETARIOS

Se denomina así a los formatos que están protegidos por una patente o derechos de autor, es decir, aquellos que tienen restricciones legales de uso. Se diferencian, así, de los formatos abiertos, que son aquellos cuya licencia de uso es libre.

COMPARACIÓN ENTRE FORMATOS

▼ CARACTERÍSTICAS ▼ FORMATOS

	Aplicaciones	HTML	PDF	EPUB 3	MOBI	TXT	FB2	KF8	LIT
DRM	X		X	X	X			X	X
Estándar abierto		X	X	X		X	X		
Maqueta fija	X		X	X				X	
Imagen	X	X	X	X	X		X	X	X
Anotaciones	X		X	X	X		X	X	
Interactividad	X		X	X	X			X	
Accesibilidad		X	X	X					
Multimedia	X	X	X	X				X	
Fuentes	X	X	X	X				X	
Texto fluido									
Marcadores	X		X	X	X			X	X

Tabla 1. Características de los formatos de libros electrónicos.

Si, al crear un sitio web, es obligación del desarrollador pensar en el usuario que lo navegará, cuando se trata de editar una publicación digital, debe considerar estas nuevas variables. Como resumen, podemos ejemplificar con los siguientes casos:

CREACIÓN DE E-BOOKS EN INDESIGN

El programa **Adobe InDesign CS6** permite diseñar e-books y convertirlos a **PDF**, **EPUB** y aplicaciones, de manera profesional y utilizando el mismo entorno de trabajo que los diseñadores conocen para la edición tradicional.

- Si el material que contiene la publicación consiste en una combinación de textos y gráficos que deben mantener una estructura fija, lo más indicado es un archivo **PDF**.
- Para la publicación de contenidos con alto impacto visual y elementos multimedia, la elección podría orientarse hacia una aplicación (que dependerá del sistema operativo que pueda interpretarla).
- Si el contenido de la publicación es texto corrido, con algunas imágenes y notas al pie, el formato más adecuado será el **EPUB**.

Protección de derechos digitales

Algunos de los formatos posibles para publicaciones digitales carecen totalmente de protección. Este es el caso de los blogs, ya que, si bien los visitantes no pueden alterar los contenidos, sí pueden copiar textos, imágenes y otros recursos. Sin embargo, otros formatos, como **EPUB**, **MOBI** o **PDF**, permiten ser compilados y protegidos.

¿Qué son los DRM?

A través de los DRM (*Digital Rights Management* o manejo de los derechos digitales), las editoriales y los propietarios de los derechos de autor pueden aplicar políticas de acceso al documento que estipulen con qué aplicaciones podrá ser abierto, además de controlar si la publicación podrá ser duplicada, impresa o compartida.

Suele confundir la protección que se establece en un documento cuando, por ejemplo, le colocamos una contraseña de seguridad a un **PDF**.

¿QUÉ ES UNA APLICACIÓN?

Una **aplicación** es un programa (*software*) que posee una interfaz de usuario y funciona sobre un sistema operativo determinado, o bien a través de internet. Los dispositivos utilizados para su ejecución pueden ser computadoras, tabletas, teléfonos móviles y otros.

En este caso, la contraseña viaja con el documento, y el riesgo que existe de su desprotección no autorizada es mayor. Mediante el uso de DRM, una parte de la seguridad del documento permanece en un servidor de contenidos, que es capaz de chequear en línea si el archivo está vigente o si es necesario actualizarlo.

Estándares abiertos

Contar con estándares abiertos significa producir contenidos mediante tecnologías libres de derechos y abiertas a la comunidad. Por ejemplo, el formato **EPUB** puede estar o no protegido por políticas de DRM, pero en sí mismo es un estándar abierto, homologado por el **IDPF** (*International Digital Publishing Forum*). Por su parte, el **PDF** está homologado en muchas de sus variantes por normas **ISO** (*International Organization for Standarization*) y, por lo tanto, puede ser un estándar.

Sistemas de publicación

Para la publicación de libros en formato **PDF** o **EPUB**, existen tiendas virtuales, como **BajaLibros** (**www.bajalibros.com**), **Amabook** (**www.amabook.com**), **Barnes & Noble** (**www.barnesandnoble.com**) y la tienda de libros de **Google** (**https://play.google.com/store/books**), entre otras.

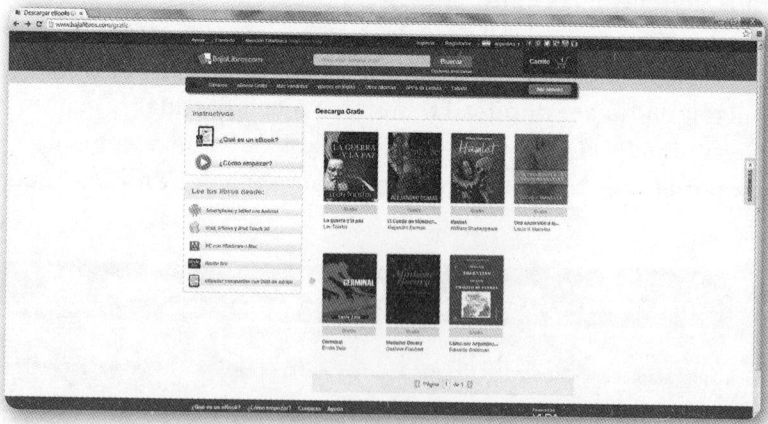

Figura 13. En el sitio **BajaLibros** también existe la posibilidad de descargar gratuitamente algunos libros.

Muchas empresas ofrecen, además, el servicio de conversión del documento a partir de un **.doc** y su posterior distribución en las tiendas virtuales, para ser leído en una gran variedad de equipos.

Sin embargo, cuando se trata de una aplicación, la obra debe adaptarse al sistema operativo de cada tableta donde sea leída. Esto significa que debe ser convertida al formato compatible con cada sistema, para luego ser publicada en las tiendas **Play Store**, **Amazon** y **Apple Store**.

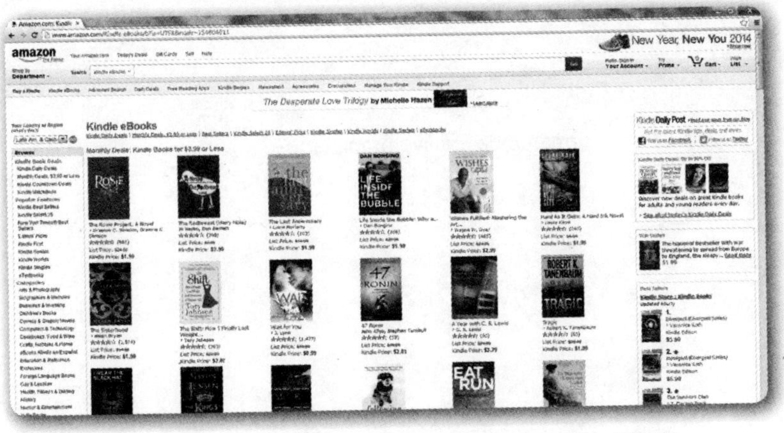

Figura 14. Sección de venta de e-books para Kindle, dentro de la tienda Amazon.

RESUMEN

En este primer capítulo, nos hemos introducido en el mundo de las publicaciones digitales. Aprendimos las generalidades que caracterizan a los libros electrónicos y cuáles son los formatos más difundidos en el mercado. También hemos analizado las opciones de protección disponibles y cuáles son los sistemas de publicación por los que se puede optar.

Actividades

TEST DE AUTOEVALUACIÓN

1	¿Qué es una publicación digital?
2	¿Cuáles son los formatos más comunes para los libros electrónicos o **e-books**?
3	¿Qué son los **DRM**?
4	¿Qué son los estándares abiertos?
5	¿Qué son los formatos de archivo propietarios?

PROFESOR EN LÍNEA

Si tiene alguna consulta técnica relacionada con el contenido, puede contactarse con nuestros expertos: profesor@redusers.com

*02

Introducción a InDesign

Adobe InDesign es una aplicación que se utiliza para realizar la maquetación editorial a nivel profesional, ampliamente difundida en la industria gráfica tradicional, en publicaciones digitales y en desarrollos web. En las páginas siguientes, veremos la interfaz del programa y desarrollaremos las herramientas básicas referidas al texto que nos permitirán comenzar a pensar en el diseño de nuestra publicación.

Interfaz de InDesign

Este programa posee todas las herramientas necesarias para que el diseñador obtenga su producto y tenga control de todos los elementos que implican un material gráfico listo para entrar en impresión o para ser publicado, en el caso de los libros electrónicos. Su estructura básica de trabajo consiste en un sistema de marcos donde el diseñador coloca los textos y las imágenes para realizar la composición de la página. Posteriormente, a través de las potentes herramientas incluidas, da forma a esos elementos para otorgarles la apariencia final.

Adobe InDesign presenta una interfaz cómoda y accesible. Sus herramientas son fácilmente reconocibles para aquellos usuarios que están familiarizados con las aplicaciones que conforman el paquete de diseño de Adobe (**Illustrator** y **Photoshop**). A continuación, mostraremos cómo es la versión CS6 de InDesign y los elementos particulares que la integran.

Figura 1. En esta imagen vemos los elementos que componen la **interfaz** de InDesign, similares a los de Photoshop e Illustrator.

- **Barra de menús:** se encuentra en la parte superior de la ventana, y a través de ella se puede acceder a todos los comandos de la aplicación. Sus opciones principales son: **Archivo**, **Edición**, **Composición**, **Texto**, **Objeto**, **Tabla**, **Ver**, **Ventana** y **Ayuda**.
- **Reglas:** las reglas configuradas con las medidas apropiadas permiten realizar mediciones y ubicar objetos con gran precisión.

- **Panel de herramientas:** también llamado **cuadro de herramientas**, contiene todos los comandos principales que se utilizarán en la creación de la pieza, tales como **Selección**, **Texto**, **Pluma**, **Marco rectangular**, etcétera.
- **Panel de control**: permite una visualización rápida y cómoda de toda la información referida al elemento seleccionado. Sus opciones se utilizan para modificar los datos que están en los respectivos campos, para producir los cambios asignados en el elemento seleccionado sin tener que recurrir a los paneles desplegables.
- **Paneles o paletas**: incluyen funciones específicas que permiten modificar los elementos en los que estamos trabajando. Aparecen contraídos y acoplados en el orden predeterminado, pero es posible desplegarlos, cambiar su posición, apilarlos y moverlos a gusto.
- **Documento:** es el archivo digital sobre el que vamos a maquetar, que contiene todas las especificaciones del producto final.
- **Área de trabajo:** es el espacio dentro del cual se encuentra el documento propiamente dicho, además de todos aquellos elementos que coloquemos fuera de sus límites.

Texto en InDesign

InDesign, al igual que muchos programas de maquetación, nos brinda diferentes herramientas que nos permiten crear desde el diseño de un *newsletter* hasta complejos tomos de libros, pasando por revistas y e-books. Pero lo que realmente hace destacar a InDesign por sobre otros programas es la diversidad de funciones que el **marco de texto** nos ofrece.

EL ORIGEN DE INDESIGN

La primera versión surgió en 1999 para reemplazar al agotado **PageMaker**, perteneciente a Aldus, firma con la que Adobe Systems se fusionó para crear un nuevo proyecto que estuviera a la altura de **QuarkX-Press**. Sin embargo, presentaba algunos inconvenientes para el usuario: actualizaciones costosas y demoras en el desarrollo de mejoras, en las que InDesign trabajó insistentemente para ofrecer un resultado óptimo.

Desde las antiguas ediciones de esta maravillosa aplicación y sus predecesores Page Maker y QuarkXPress el programa fue adaptándose a nuestras necesidades para ayudarnos a agilizar todas las etapas del proceso de edición de texto.

Marcos de texto

Los marcos de texto se generan a partir de la **Herramienta texto** (representada por una letra **T**) de la barra de herramientas. Solo es necesario mantener seleccionado y dibujar el cuadro desde el punto inicial hasta donde lo deseemos. Los marcos fueron concebidos como contenedores de texto, para permitir moverlos de un lado a otro, ajustarlos a la medida deseada, distribuir en varias columnas o darle forma a una porción de texto sin que este pierda el formato de caracteres o de párrafo que le hayamos otorgado.

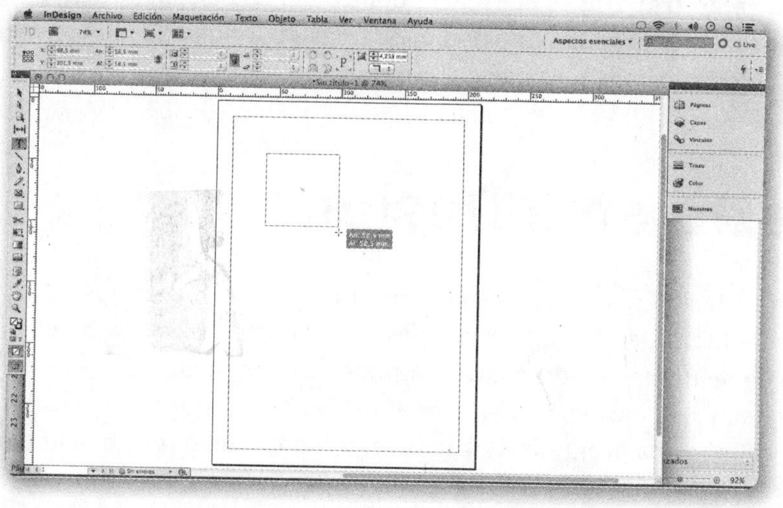

Figura 2. Podemos crear un marco de texto con el mouse presionando el botón izquierdo y la tecla **SHIFT**; así se generará en forma proporcional.

Un marco de texto puede enlazarse con otro marco para permitir que el contenido continúe en el nuevo. También puede generarse un marco con texto de referencia para que sea posible bocetar y luego reemplazar por el texto adecuado.

Antes de analizar en detalle cada una de las funcionalidades de los marcos de texto, veremos sus propiedades. El marco de texto es un

recuadro; como tal, al seleccionarlo y arrastrarlo con un clic sostenido del mouse podemos moverlo de lugar, como cualquier otro elemento. También, a partir del indicador amarillo que se encuentra en la esquina superior derecha, podemos editar los vértices para dejarlos redondeados.

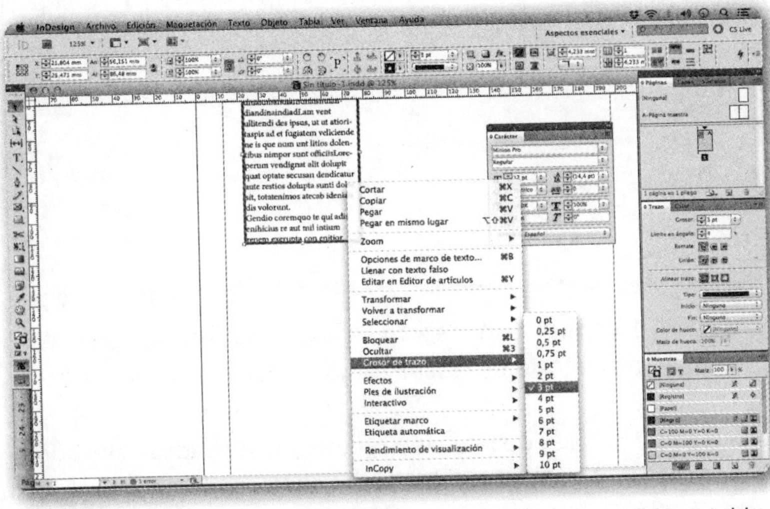

Figura 3. Si seleccionamos un grupo de marcos, es posible establecer el grosor de la línea en todos ellos, en forma rápida.

Desde los indicadores blancos que se encuentran en la parte superior izquierda y en la inferior derecha es posible **linkear** con los demás marcos de texto. El indicador izquierdo nos permite romper la unión de donde viene el texto o también seleccionar un marco de origen diferente.

El indicador derecho nos permite linkear con un cuadro de texto preexistente o generar un cuadro de continuidad nuevo, ya sea haciendo un simple clic o dibujándolo mientras mantenemos presionado el botón izquierdo del mouse.

LINKEAR

El concepto de **linkear** que se utiliza en InDesign es similar al de internet, con la diferencia de que, en este caso, el enlace es hacia una caja de texto. Este enlace permite que la caja de texto pueda ser modificada en largo, ancho y forma, mientras que el texto que no quepa en ella fluirá a la siguiente, respetando el tipo de corte de texto que hayamos elegido, el formato y, también, la tipografía.

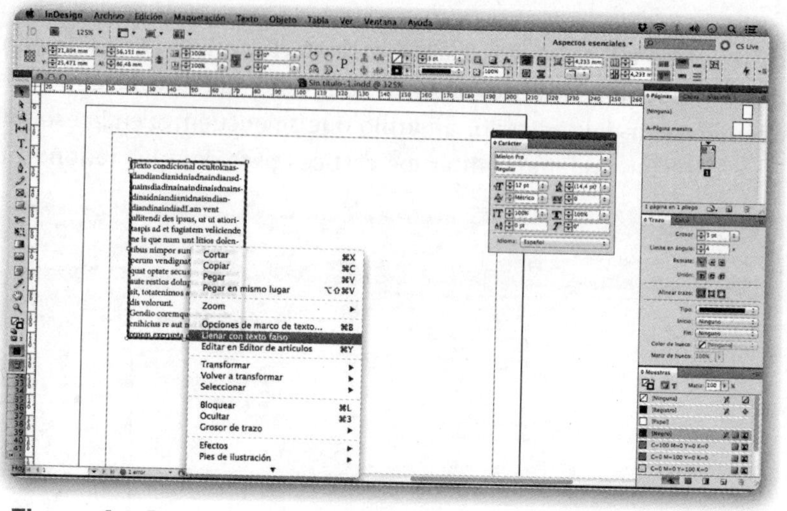

Figura 4. `Llenar con texto simulado` permite completar un marco con texto de relleno simulando un bloque de texto.

Desde los marcadores de posición (pequeños recuadros ubicados en el borde del cuadro de texto), podemos aumentar el tamaño hacia los lados o puntas; si presionamos la tecla **SHIFT** aumentaremos de manera uniforme. Si nos desplazamos apenas por fuera de estos marcadores aparecerá el puntero del mouse como un indicador que nos permite rotar el cuadro en ambos sentidos; si mantenemos presionada la tecla **SHIFT** la rotación se realizará con inclinaciones de 45º en forma automática.

La **Herramienta Selección directa** (flecha blanca) nos permite modificar la forma de la caja de texto. Cuando seleccionemos esta herramienta, la caja mostrará nodos en sus puntas y con estos será posible deformarla.

Los marcos también nos permiten seleccionar las líneas que los unen o agregarles más nodos con la **Herramienta Pluma**. Estas líneas pueden ocultarse desde el menú de capas o desde el menú contextual, haciendo clic derecho en la opción **Ocultar**. También podemos bloquearlas para evitar realizar modificaciones en forma errónea.

Opciones del marco de texto

Las opciones de marco de texto que se presentan en la barra de opciones permiten segmentarlo y añadirle diferentes criterios de marginado y separaciones. Constan de dos partes: una general, en la que figuran opciones para columnas, espaciados de margen y justificación vertical, y otra que contiene alternativas para trabajar con línea de base y cuadrícula base.

A partir de las opciones de columna, podemos plantear la cantidad de columnas que creamos necesaria, configurando su medianil o separación entre columnas y su ancho nominal. Luego, con las opciones de espaciado de margen podemos posicionar el marco en cuestión y elegir la posición vertical del texto (es decir, si deseamos que comience desde arriba o desde abajo); esto lo hacemos con las opciones de justificación vertical.

Debemos considerar que estas funciones cuentan con un útil previsualizador, que nos permite ver las modificaciones sin tener que aplicar los cambios. De esta forma, evitaremos demoras en el procesamiento del texto.

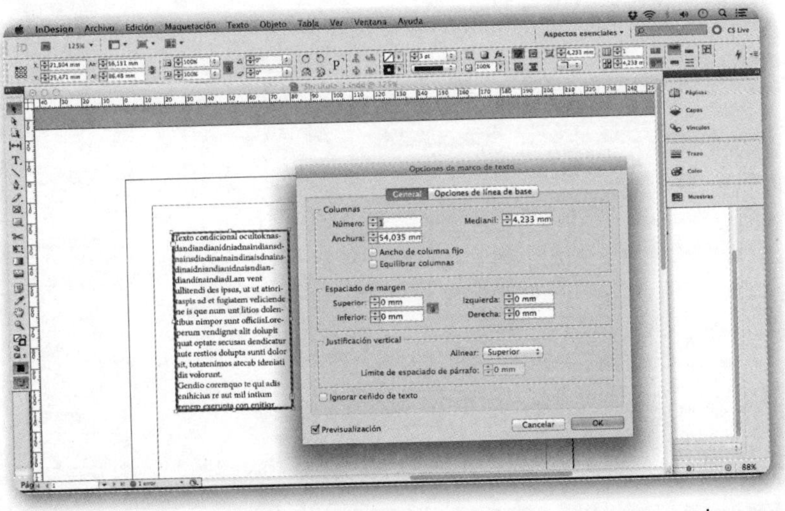

Figura 5. Desde las **`Opciones de marco de texto`** podremos configurar opciones como la subdivisión de un marco de texto en columnas.

Texto enlazado

Como dijimos, en InDesign podemos unir varios marcos de texto haciendo clic en los indicadores blancos, tanto en el lado izquierdo como en el lado derecho del recuadro, a partir de la herramienta de selección sobre el marco de destino. Al producto de esta unión se lo llama **texto enlazado**. Si a estos marcos se los completa con texto, el flujo de texto se denomina **artículo**.

Esto es muy útil si se tiene en cuenta que podremos crear estos recuadros en las **páginas maestras**, que funcionan como una plantilla con formatos, y luego, al posicionar el texto que deseamos, solo será necesario agregar las páginas que nos hagan falta para que vaya apareciendo el texto.

Texto oculto

El **texto oculto** o **texto condicional** es una funcionalidad que nos permite activar o desactivar un texto previamente seleccionado sin tener la necesidad de armar nuevos marcos con otros textos por separado, ocultándolos con capas o perdiendo el tiempo copiando y pegando textos en diferentes archivos.

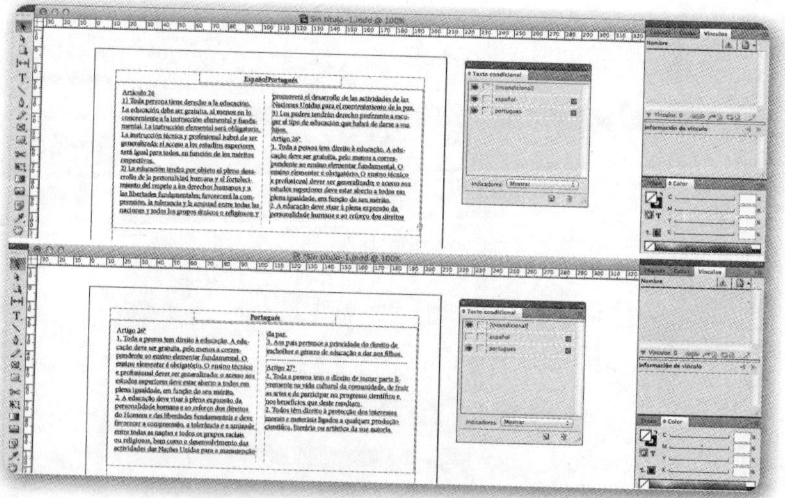

Figura 6. En esta imagen vemos cómo funciona el texto condicional, que puede activarse o desactivarse.

Supongamos un caso hipotético en el que una empresa que comercializa productos en Argentina y Brasil nos pide armar un catálogo de ventas. Para esto, la compañía nos envía los textos que vamos a utilizar en dos idiomas. No hace falta crear dos archivos de InDesign por separado: podremos generar dos textos condicionales, uno en español y otro en portugués. De esta manera, al activar selectivamente cualquiera de las dos opciones, tendremos las versiones del catálogo para cada país.

Para hacerlo, debemos proceder de la siguiente manera: en primer lugar, abrimos el panel de **Texto condicional** que está en la barra de menús, dentro de las últimas opciones de ventana, en el grupo **Paneles de texto y tablas**. Luego seleccionamos los textos que se encuentren dentro del marco de texto en idioma español.

En tercer lugar, creamos una nueva condición desde el icono con forma de hoja que se encuentra en la parte inferior del panel de **Texto condicional**. Le ponemos el nombre a la condición y hacemos clic a la izquierda; de esta manera, aplicaremos la condición al texto que habíamos seleccionado. Si se quieren agregar más textos que cumplan la misma condición —en este caso, que sea en español—, debemos seleccionarlo y volver a hacer clic a la derecha de esta para aplicarla.

Ahora solo deberíamos repetir el proceso para el texto en el otro idioma. Una vez finalizado este proceso, solo es cuestión de ocultar o mostrar la condición desde el icono con forma de ojo que se encuentra a la izquierda de la condición seleccionada para utilizar uno u otro texto.

El marco también incluye otras opciones, tales como métodos de inserción de texto u opciones de alineación y espaciado, las cuales son indispensables para el desarrollo de cualquier tipo de maquetación editorial, sea simple o compleja.

Colocar texto

Existen varias formas de colocar texto en InDesign. En esta sección, vamos a revisar desde las más sencillas hasta las más complejas.

La forma más fácil de introducir texto en un documento es a partir de la **Herramienta Texto**. Luego de seleccionarla, nos posicionamos sobre un marco de texto o creamos el marco correspondiente y escribimos lo que deseemos.

REFLUJO INTELIGENTE

El reflujo de texto inteligente es una función de los marcos de texto que agrega o quita automáticamente hojas al colocar un texto, evitando que sufran desbordes al editarlos o formatearlos. La forma de utilizarlo es aplicando marcos de texto en las páginas maestras. Si se trata de una sola página, con un marco basta, pero si utilizamos páginas opuestas por lo menos debemos tener enlazado un marco de cada una.

También es posible arrastrar desde otra aplicación una selección de texto y soltarlo dentro de un marco, aunque este método no es recomendable cuando estamos trabajando con grandes volúmenes de texto, ya que podríamos perder material.

Otra forma de introducir texto es utilizar los comandos **Copiar** y **Pegar**. Una vez que hayamos copiado el texto original, nos dirigimos a InDesign y nos enfrentamos a dos maneras de pegarlo: la primera es ir al menú **Edición** y elegir **Pegar**. Automáticamente nos entregará la opción de crear un marco de texto. Una vez que este marco se haya definido, se le aplicará el texto previamente copiado. Otra forma es crear, con la **Herramienta texto** un marco o varios enlazados y, luego, hacer clic con el botón derecho en el primero de ellos y seleccionar la opción **Pegar**. De esta manera, se llenarán los cuadros con el texto previamente copiado.

Debemos tener en cuenta que esta opción reconoce si el texto viene formateado de origen y, al momento de su inserción, nos pregunta si queremos mantener o descartar su formato. Esto es útil si lo hemos copiado desde la Web o desde un procesador de texto.

Como ya mencionamos, InDesign nos permite maquetar incluso sin tener el contenido de los artículos que vamos a utilizar. Para ello, nos brinda la posibilidad de llenar los marcos con texto falso. Así podemos tener una idea de cómo quedaría armado el texto una vez aplicado. Este texto es fácil de reemplazar por el artículo que corresponde: solo debemos seleccionar todo el contenido y reemplazarlo por el original. También podemos guardar el texto falso en un archivo externo —como veremos a continuación— para reutilizarlo en caso de que tengamos que maquetar otras páginas.

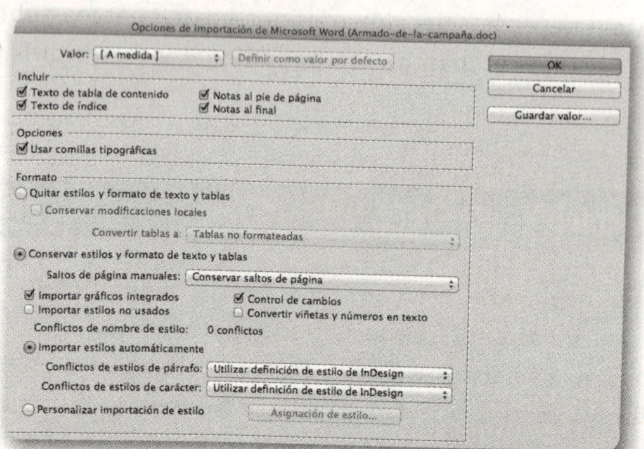

Figura 7. Podremos ver diversas opciones de colocación cuando importamos un **.DOC** a nuestro trabajo, por ejemplo **Mantener estilos**.

Es importante saber que podremos incorporar texto mediante la colocación de archivos externos, como texto, hojas de cálculo u otros formatos de procesadores de texto existentes. Para hacerlo, vamos al menú **Archivo** y seleccionamos la opción **Colocar**. También podemos arrastrar el archivo hasta el documento de InDesign. En el caso de tener activado el **Reflujo automático**, se ubicará, de forma automática, el contenido dentro de la cantidad de páginas que sea necesaria.

Podremos incorporar texto mediante la colocación de documentos externos existentes.

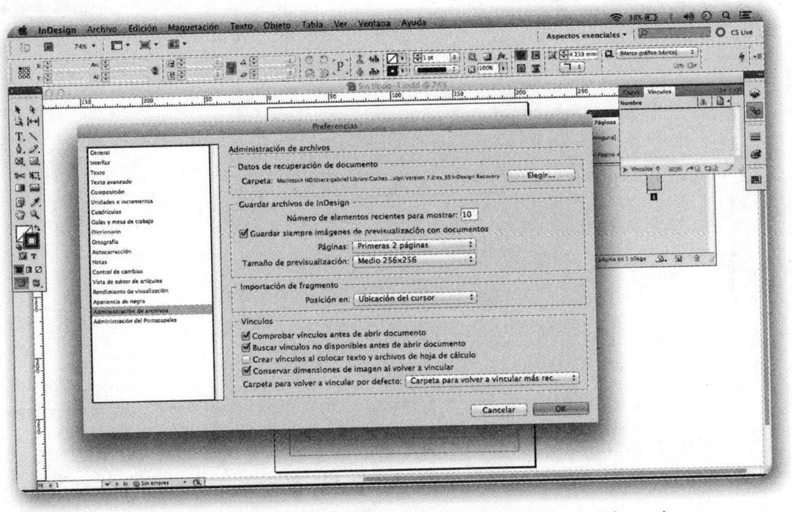

Figura 8. Si actualizamos los links todas las modificaciones en InDesign serán descartadas.

Panel de texto

El panel de **Texto** es un grupo de opciones que nos permite darle forma a nuestro texto o aplicarle propiedades especiales dentro de InDesign. Entre las configuraciones básicas que nos brinda este panel, se encuentran las opciones de **Fuente** y **Tamaño**, desde donde es posible elegir entre una lista de fuentes previamente cargadas en nuestro sistema o las que vienen en forma predeterminada. También podremos modificar el tamaño del texto eligiendo valores de entre **1** a **72** puntos o seleccionando **Otro** y buscando la medida requerida.

Desde la opción denominado **Abrir paneles** podemos seleccionar los paneles que deseemos tener a mano al momento de trabajar, podremos seleccionar entre los siguientes: **Carácter, Párrafo, Tabulaciones, Pictogramas, Artículos, Estilos de carácter** y **Estilos de párrafo**. En general tendremos abierto varios de estos paneles para trabajar en forma cómoda. Por ejemplo si queremos modificar la alineación de un texto lo podremos hacer desde el panel de **Párrafo**; si queremos modificar el interlineado y el idioma del marco de texto lo tendremos que realizar desde el panel **Carácter**.

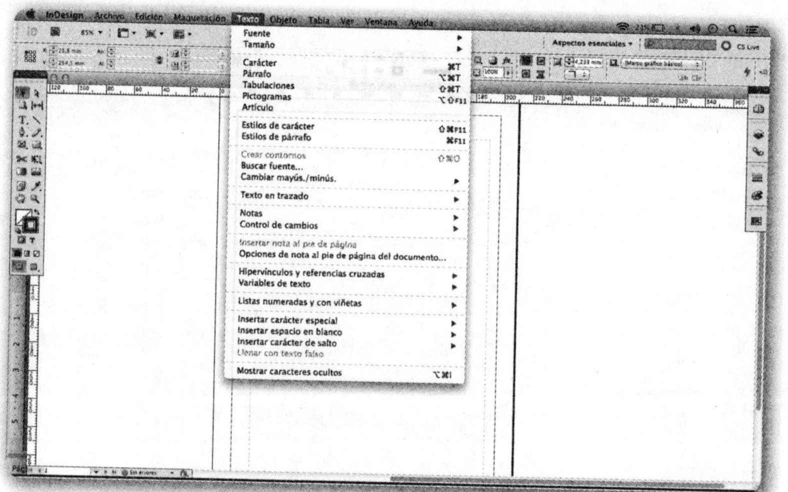

Figura 9. Desde aquí podemos modificar los marcos de texto para moldearlo, cambiando valores tipográficos, alineación o tamaño de fuente.

Sin embargo, el panel **Texto** contiene muchísimas opciones de utilidad al momento de maquetar. Funciones prácticas como **Cambiar mayus./minus.** —que nos permite cambiar oraciones completas de mayúsculas a minúsculas, o solo con las iniciales en mayúsculas—, la opción **Crear contornos** —que nos permite cambiar las fuentes

VINCULAR O INCRUSTAR

Al colocar un archivo de texto en nuestro trabajo de InDesign, en forma predeterminada la aplicación incrustará el archivo. Pero es posible cambiarlo para actualizar o administrar el archivo original como si fuera un vínculo desde el panel de **Vínculo**. Debemos ir a la opción **Administración de archivos** que se encuentra dentro de **Preferencias** y seleccionar **Crear vínculos al colocar texto y archivos de hoja de cálculo.**

a vectores para realizarle deformaciones o trabajarla de forma vectorial—, la de **Buscar fuentes** —desde donde podremos administrar las tipografías que utilizamos en el trabajo, permitiéndonos reemplazar una fuente asignada a varios textos— y varias opciones de inserción de texto especial, como hipervínculos, espacios en blanco, caracteres de saltos para página, caracteres especiales como los símbolos de marcas registrada, numeración de páginas o textos variables como información sobre el documento, etcétera.

Para utilizar estas opciones debemos tener en claro nociones básicas sobre composición tipográfica: saber destacar lo que queremos decir, conseguir que los textos sean legibles modificando los espaciados entre oraciones, que nuestras porciones de textos sean continuas eliminando viudas o huérfanas y no necesariamente con la alineación justificada.

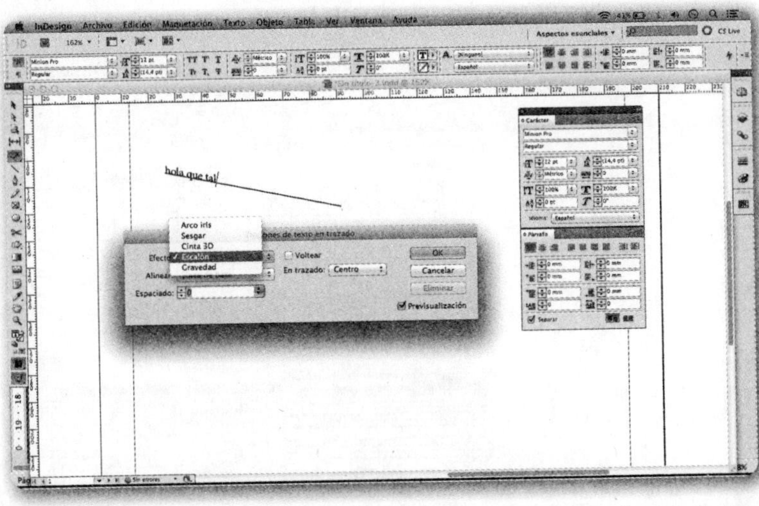

Figura 10. El efecto escalón mantiene la letra a 90 grados de la línea horizontal pero traslada a la siguiente cortando según el eje de inclinación.

VIUDAS Y HUÉRFANAS

En diseño editorial, las viudas y las huérfanas son líneas que quedan solas, separadas de su párrafo. En el caso de la viuda, queda sola al comienzo de una página mientras que el resto de su párrafo está en la página anterior. La huérfana, en cambio, queda sola en el final de una página y el resto del párrafo aparece en la página siguiente.

Interlineado

Tanto el interlineado como el **tracking** son herramientas con las que se maneja el espaciado de los textos. El interlineado determina la separación entre la parte más baja y la más alta de las letras. Originalmente, el interlineado era una varilla de metal que separaba los tipos móviles de cada línea; en la actualidad, los procesadores de texto permiten establecer configuraciones a partir de valores estándar, por ejemplo: **Sencillo**, **Doble**, **Mínimo**, o **1,5**. En InDesign, el valor de interlineado estándar está dado por el tamaño de la fuente tipográfica más un 20 %. De esta manera, es casi seguro que, si tenemos varias fuentes trabajando en conjunto, deberemos ajustar esta variable para que el lector encuentre una armonía visual en el texto. A esta armonía se la llama **gris tipográfico**; casualmente, por la relación entre espacios blancos y negros dentro de un texto.

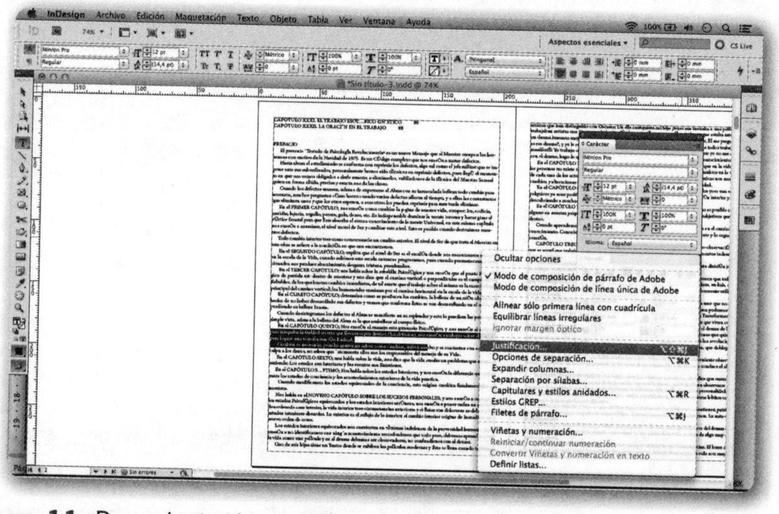

Figura 11. Para ajustar los justificados de nuestro trabajo, tenemos que ir a **Justificación** en el menú contextual del panel de **Párrafo**.

Pero el interlineado no es el único espaciado que hay que controlar para lograr esta armonía. También debe tenerse en cuenta el **tracking**, que es el espacio entre las letras. Una letra está conformada no solo por el trazo que la dibuja sino también por el espacio en blanco que la rodea, el cual se denomina **contraforma**. Al crearla, el tipógrafo no solo pensó en su morfología sino también en su relación con otras letras, variable imprescindible para que la palabra sea legible. Ajustar los valores de tracking permite manejar el conjunto de caracteres para que un grupo de palabras entre en una línea de texto o, en caso de que tengamos un texto justificado, se acomode.

Una vez que tenemos ajustado el interlineado para garantizar una lectura cómoda, modificamos el tracking para que las oraciones sean continuas y no nos queden viudas o huérfanas.

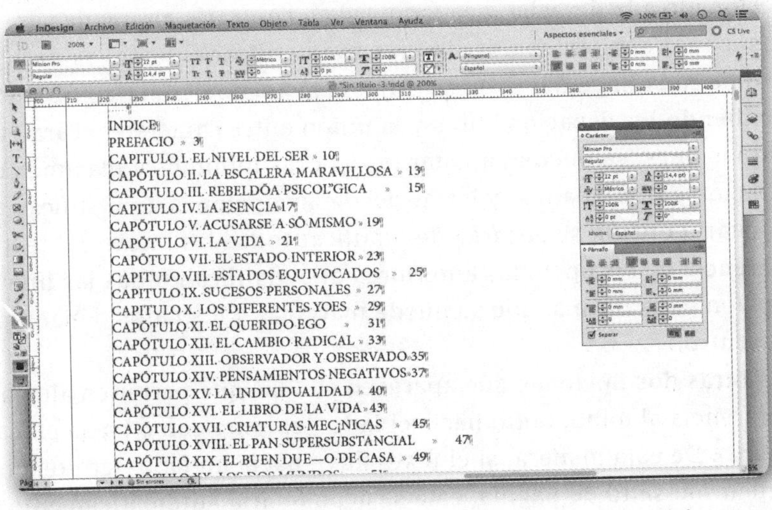

Figura 12. En InDesign es posible agregar acotaciones, notas del procesador de texto Adobe InCopy y posicionadores de imágenes como caracteres ocultos.

Panel de párrafo

No es lo mismo maquetar una revista, un libro, un newsletter o un e-book. Siempre debemos tener en cuenta a qué tipo de lector está dirigido nuestro trabajo. Gran parte de la edición la haremos desde el panel de **Párrafo**, donde controlaremos los panes o porciones de texto.

CARACTERES OCULTOS

Los caracteres ocultos son marcas que indican modificaciones en el texto. Solo son visibles en pantalla y están ocultos para cualquier tipo de salida, ya sea digital o impresa. Aparecen en el color de la capa y sirven para señalar espacios en blanco, saltos de línea, tabulaciones o finales de párrafos, entre otras cosas. Son muy útiles para identificar cómo se presenta el flujo del texto.

Para comenzar veamos las opciones que contiene el panel de **Párrafo**. Hay dos maneras de abrirlo: desde el menú de **Ventana**, en **Paneles de texto y tablas/Panel de párrafo** o desde el menú **Texto/Párrafo**.

Una vez abierto, encontramos varios iconos con líneas. Los tres primeros se corresponden con los comandos de alineación del párrafo, que nos permiten marginar el conjunto de oraciones que hayamos seleccionado a la derecha, a la izquierda o centrarlo en un eje común.

Los iconos siguientes nos sirven para justificar el texto, es decir, que tome cada línea del texto y la ajuste al ancho del marco de texto, expandiendo los espacios libres y la unión entre caracteres. Para evitar deformaciones, se pueden ajustar los valores mínimos y máximos de separación entre palabras y letras desde las opciones de justificación.

La cuarta opción se encarga de justificar todas las líneas del texto, a diferencia de las opciones anteriores que justifican todas las líneas a excepción de la última, que se puede marginar a los lados o mantenerse en el centro.

Las otras dos opciones que aparecen son las que permiten alinear en referencia al lomo, tanto hacia el lado del lomo como hacia el lado contrario. De esta manera, si el texto fluye hacia un lado pero tenemos un repentino salto de página, este se acomodaría automáticamente hacia el lado correcto.

Figura 13. Desde el panel de **Párrafo** ajustaremos los panes de texto hacia un lado o hacia el otro para configurar la forma en que necesitamos visualizar nuestro texto.

Este panel también contiene un grupo de opciones para efectuar la configuración de la sangría, desde donde podremos elegir entre agregar la sangría del lado izquierdo o del derecho y aplicarlo a todo el texto o solo a la primera línea. Así, podremos marcar el principio de cada párrafo y ayudar al lector a seguir la lectura de forma cómoda.

Desde aquí, para destacar el párrafo del resto del texto es posible agregar un espaciado vertical antes o después del párrafo sin necesidad de tocar el interlineado.

> EL PANEL PÁRRAFO PERMITE CONFIGURAR VARIABLES RELATIVAS A LOS BLOQUES O PANES DE TEXTO

Si lo que queremos es poner **letras capitales** al principio del texto, el panel de **Párrafo** contiene dos opciones para configurarlas. La primera se relaciona con el tamaño que van a ocupar, teniendo en cuenta el número de líneas, y la otra opción depende de la cantidad de caracteres que queremos que sean capitulares.

Por último, este panel cuenta con dos opciones más: adaptar las líneas de texto a la cuadrícula base —muy útil si tenemos varios cuadros y queremos que los textos figuren sobre las mismas líneas— y elegir si queremos separar las palabras en el marco de texto, para que no sea necesario modificar demasiado el tracking, pues reduce considerablemente los espacios en blanco o líneas sin llegar al final, gracias a la separación en silabas.

A pesar de que InDesign es una herramienta de edición de texto muy bien desarrollada, que ofrece la mayoría de las opciones automatizadas que necesitaremos, a veces no logramos obtener los mejores resultados. Por esta razón, nos brinda un menú de configuraciones desde donde podremos activar la manipulación de estas opciones para adaptarlas a nuestras necesidades.

OPCIONES DE SEPARACIÓN

Las opciones de separación nos permiten especificar una línea de texto de un párrafo posterior a aquel en que nos encontramos ubicados y evitar que quede separada al movernos de un marco al otro. Por ejemplo, evitaremos que los títulos se aíslen de los textos que representan, ya que, cuando esto suceda, se resaltará el párrafo que no cumpla tal condición.

Estas opciones las encontramos en el panel de **Párrafo**. Para acceder a ellas, solo bastará con hacer clic en la esquina superior derecha del panel; así desplegaremos la lista de opciones disponibles. En primer lugar, vemos la posibilidad de simplificar el panel para tener visibles solo las opciones frecuentes. A continuación, veremos dos opciones mediante las cuales podremos elegir la forma en que queremos trabajar el párrafo, denominadas **modo de composición**: **Modo de composición de párrafo de Adobe** y **Modo de composición de línea única de Adobe**. Estas opciones nos permiten elegir de qué modo InDesign interpretará los saltos de línea posibles que se adapten mejor a las configuraciones que especifica el usuario, basándose tanto en la información de cada línea del párrafo como en el párrafo en su conjunto.

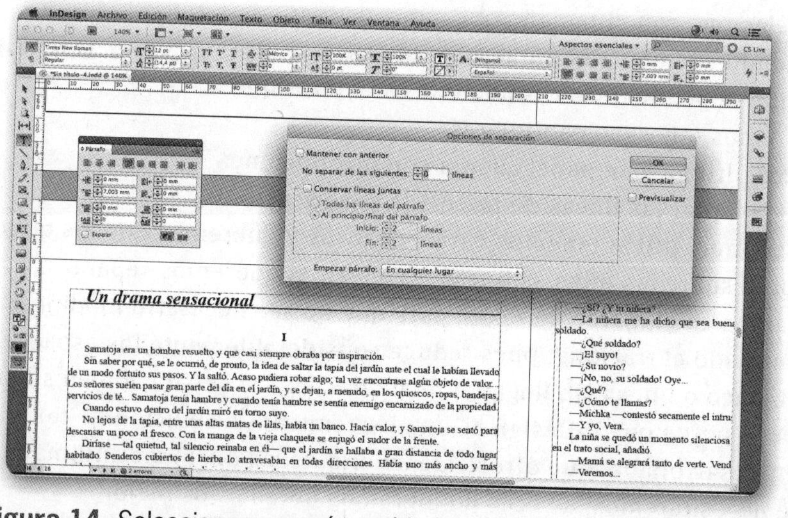

Figura 14. Seleccionamos qué cantidad de líneas no deben separarse del siguiente párrafo o si deben quedarse en el párrafo anterior.

Entre las opciones disponibles encontramos **Expandir columnas**, que nos permite seleccionar un párrafo y expandirlo en columnas. Así podremos separarlo del párrafo anterior y del posterior, eligiendo el número de columnas y dándole los medianiles interiores y exteriores.

La justificación y la separación de palabras en sílabas son los principales determinantes del aspecto que va a tener nuestro texto. Para configurarlas, podemos elegir algunas opciones básicas como **Separar por sílabas las palabras en mayúsculas** o determinar a partir de qué cantidad de caracteres se puede empezar a separarlas palabras.

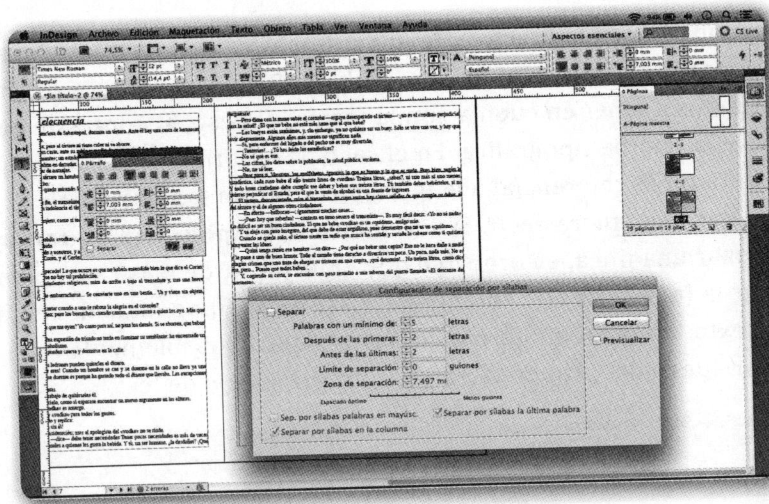

Figura 15. Desde **Configuración de separación por sílabas** podemos configurar qué palabras dejaremos que se corten.

Tipografía

Es importante que al momento de desarrollar nuestros proyectos tengamos en cuenta varios factores, como el tipo de pieza que va a resultar y la tipografía que utilizaremos.

La fuente no es lo mismo que la familia tipográfica. Se le llama **fuente** al conjunto de caracteres y símbolos que representa un tipo de letra, es decir, un archivo contenedor o estilo de tipo. En cambio una **familia tipográfica** es un conjunto de tipos que tienen características similares pero con estilos diferentes, como **bold**, **cursiva** o **light**.

Clasificación

Existen miles de familias tipográficas, las cuales varían en el grosor, en su morfología o en su representación, y también existe más de una forma de clasificarlas. De todas las clasificaciones existentes, podríamos mencionar la más común, que separa a las tipografías en dos grandes grupos: las **serifas**, que son todas aquellas que tienen en sus terminaciones un ornamento, y las **sin serifas**, que son aquellas que carecen de tales ornamentos.

Sin embargo, en la práctica, lo que interesa es saber cuáles son más apropiadas para aplicar en nuestro trabajo. Para ello, algunos aspectos importantes a tener en cuenta son la forma, el peso, el contraste que genera y la familia tipográfica. En el caso de la forma, si la estructura de la letra no es referencial a la letra que representa, será difícil interpretar qué quiere decir. Si utilizamos una **tipografía de fantasía** para armar una línea, es probable que el lector tarde más tiempo en analizar la frase antes de entenderla. Usar estas tipografías de fantasía en un texto largo, en un libro o en una revista, probablemente hará que el lector, luego del primer párrafo, se aburra y deje de leer.

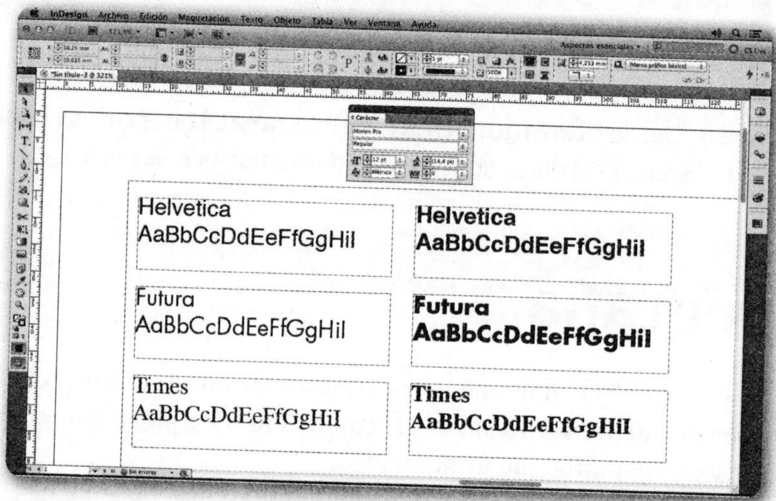

Figura 16 Algunas tipografías y familias **bold**, que permiten reconocer las diferencias entre **serifa** y **sin serifa**.

Antiguamente se utilizaban tipografías serifas (o serif) para realizar este tipo de trabajos, como **Palatino** o **Times**, que son tipografías de buen contraste, con trazos ascendentes y horizontales muy bien compensados que facilitan la lectura.

En la actualidad, se utiliza una combinación de ambos grupos (con y sin serif): los títulos más grandes y cortos con tipografías de palo seco, para decorar mejor, y el texto normal en alguna tipografía clásica con serifas.

Una buena combinación de familias tipográficas eleva considerablemente la apreciación de nuestro trabajo y ayuda a la transmisión de nuestro mensaje.

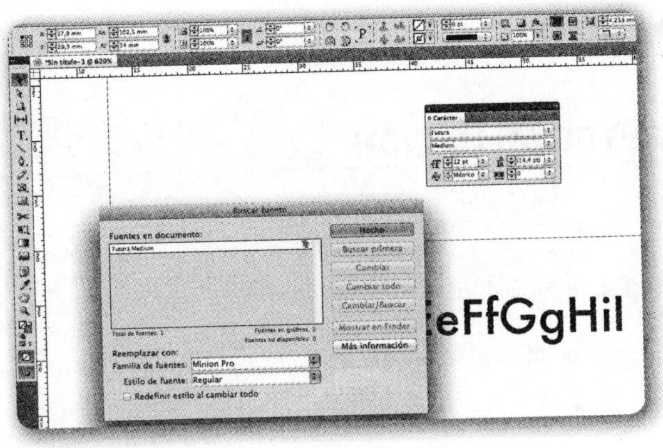

Figura 17. Si una tipografía tuviese un asterisco está indicando que esa fuente está faltando y que es reemplazada por una predeterminada del sistema.

Medidas

El tamaño de la tipografía en InDesign viene por defecto en puntos, pero también se puede visualizar en centímetros. Esa modificación se hace en el menú **Preferencias/Unidades y medidas**. Este modo de medidas en puntos no es una novedad porque es el mismo que se viene utilizando hace mucho tiempo en cualquier procesador de textos, como Word.

Cuando trabajamos con este programa, para organizar todos los elementos que componen nuestro trabajo, utilizamos una grilla o retícula, que desarrollaremos en profundidad en el **Capítulo 3**. Lo importante en este punto es que cuando trabajamos con grillas es ideal que pasemos las reglas a unidades de medidas tipográficas. Tomaremos como unidades de referencia **picas y puntos.** El ancho de la página, en este caso, se controlará en picas (hacemos clic con el botón derecho del mouse en la regla horizontal y elegimos esta unidad), mientras que el alto se trabajará en puntos (hacemos clic con el botón derecho sobre la regla vertical y elegimos **Puntos**). Es importante que recordemos esta información al momento de diseñar nuestra cuadrícula. Veremos este procedimiento en un completo **Paso a paso** en el capítulo siguiente.

RESUMEN

En este capítulo, hemos visto los elementos que componen la interfaz de Adobe InDesign CS6®, programa por excelencia para la maquetación de publicaciones impresas o digitales. También desarrollamos todas las herramientas referidas al manejo del texto en dicho programa.

Actividades

TEST DE AUTOEVALUACIÓN

1 ¿Qué son los marcos de texto y cuál es su función?

2 ¿Qué significa linkear en **InDesign**?

3 Describa las opciones de marco de texto.

4 ¿Qué es un artículo?

5 ¿Qué son las fuentes?

EJERCICIOS PRÁCTICOS

1 Abra y el programa y observe los elementos que componen la interfaz.

2 Cree un marco de texto y coloque texto simulado.

3 A través del panel de **Texto**, modifique la **Fuente** y el **Tamaño**.

4 Enlace el marco de texto creado en el punto 2 con uno nuevo.

5 A través del panel de **Párrafo**, justique el texto, coloque sangría y utilice letras capitulares para el comienzo de párrafo.

*03

Elementos para maquetación y armado

En las páginas siguientes, continuaremos descubriendo las funcionalidades que nos ofrece Adobe InDesign para poder diseñar nuestra publicación digital. Abordaremos los principales conceptos sobre maquetado, imágenes y formas básicas.

Páginas en InDesign

Hay dos tipos de página en InDesign: la del maquetado, que comprende todo el documento editorial, y la página maestra que funciona como una plantilla de formatos.

Un **pliego** es un conjunto de dos o más páginas que pueden verse al mismo tiempo. Podemos tomar como referencia cuando abrimos una revista, un díptico o tríptico. Por ejemplo, en el caso de un tríptico, tendríamos un pliego de tres páginas. Alrededor de cada pliego tenemos un área llamada **mesa de trabajo**, la cual nos permite ubicar elementos de trabajo que aún no están incluidos en las páginas del pliego seleccionado.

Desde la ventana **Páginas**, a la cual podemos acceder mediante el menú **Ver/Páginas** o utilizando la tecla **F12**, podemos crear y visualizar la distribución y formato de las páginas y los pliegos. Haciendo doble clic sobre cada página en miniatura del panel podemos navegar en todo el documento y aplicar configuraciones en una página, en un pliego o en todo el documento.

La **página maestra** puede interpretarse como una plantilla de formatos. InDesign permite crear más de una página maestra y luego aplicarla a varias páginas, a conjuntos de pliegos o a todo el documento. Pueden contener el formato de sangría, tipografías, interlineado, ubicación de cuadros de texto, ubicación de cuadros de imagen, etcétera.

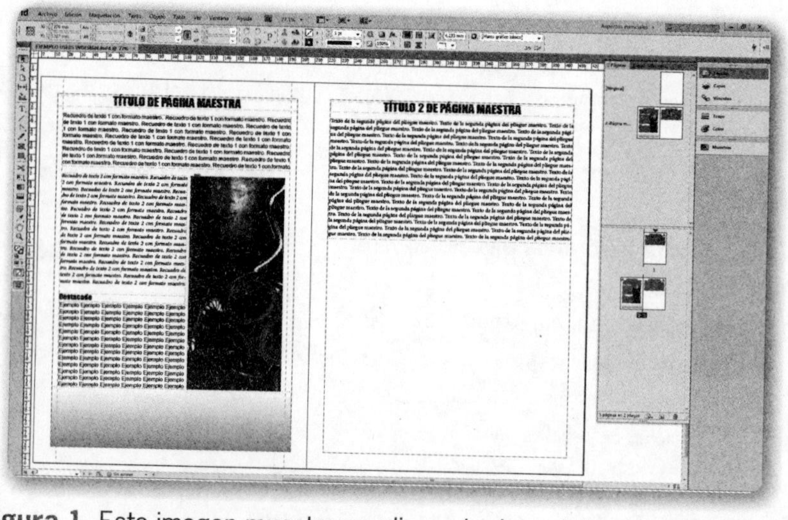

Figura 1. Esta imagen muestra un pliego de dos páginas. En **Páginas**, a la derecha, puede verse la numeración de las páginas 1, 2 y 3.

Crear una página maestra

Dentro de la ventana **Página**, encontramos una página maestra denominada **A**, que podemos utilizar como página maestra base. Si queremos agregar más de una página maestra, debemos dirigirnos a la esquina superior derecha del panel, donde se encuentra el icono de página en blanco con el texto **Ninguna** a la izquierda.

Al hacer clic derecho sobre el icono en blanco, una de las opciones del menú emergente será **Nueva página maestra**. En las opciones de nueva página maestra tenemos como primera opción el prefijo con la letra **B**.

Debemos considerar que un pliego maestro puede tener hasta diez páginas. El próximo paso a seguir será el diseño de nuestra página maestra para aplicarla a todo el documento.

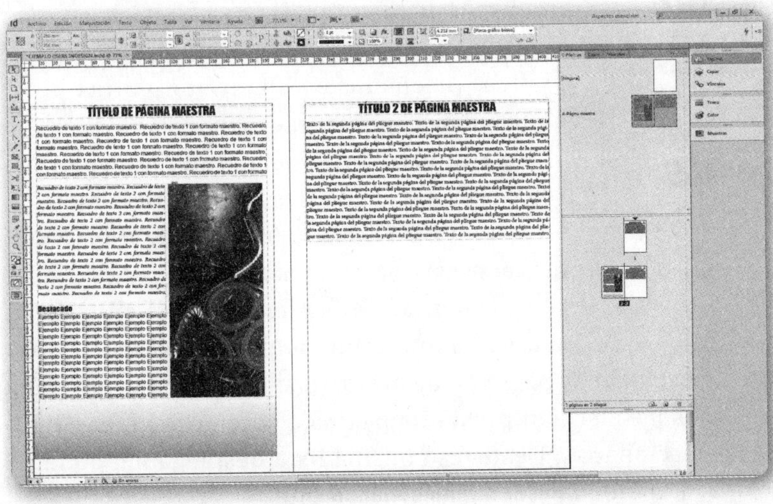

Figura 2. En la ventana **Páginas** se ve la selección del pliego maestro como **A Página maestra**, aplicado en el resto del documento.

TAMAÑOS DE PÁGINA

InDesign nos permite elegir entre varias medidas estándar de página o insertar un valor personalizado. Normalmente, se trabaja con medidas ISO (A4, A3, B5), pero es bueno saber que, por ejemplo, una revista estándar mide 27,5 x 21 cm; un diario formato sábana, 75 x 60 cm; uno formato tabloide, 43 x 28 cm; y el europeo, 47 x 31,5 cm; medidas que tienen que ver con un mayor aprovechamiento del pliego.

Editar una página maestra

Una vez que hemos creado la página maestra, debemos comenzar a trabajar con su diseño o editarla. Para esto, tenemos que asegurarnos de que estamos trabajando dentro de la página maestra. Si hacemos doble clic sobre el nombre de página maestra, el área de trabajo se centrará en el pliego completo; en cambio, si hacemos doble clic en el icono de una de las páginas maestras, el área de trabajo se centrará sobre la página maestra seleccionada. Una vez dentro de la página maestra adecuada, podemos comenzar con su diseño.

UNA VEZ DISEÑADA LA PÁGINA MAESTRA PODEMOS APLICARLA A DIFERENTES PLIEGOS O PÁGINAS

Cualquier elemento gráfico admitido por InDesign puede componer una página maestra. Utilizando campos de texto podemos crear un título maestro o un pie de página maestro, o bien un diseño mediante dibujos con las herramientas vectoriales o también importando elementos gráficos diseñados en Illustrator u otras aplicaciones compatibles como Photoshop.

Para aplicar la página maestra podemos seleccionar una o varias páginas o pliegos en la ventana **Páginas** y luego utilizar la opción **Aplicar página maestra a páginas**.

En la ventana emergente para la aplicación, aparecerá una primera lista desplegable que permite seleccionar la página maestra para ser aplicada y, por debajo, si ya hicimos la selección previa de páginas, veremos el rango de páginas seleccionadas. Desde esa misma lista desplegable, podemos seleccionar también **Aplicar a todo el documento**.

Cualquier elemento que modifiquemos en la página maestra se modificará en donde sea que esté aplicada. Sin embargo, existe la posibilidad de desvincular elementos de la página maestra para poder editarlos individualmente.

Desvincular objetos de página maestra

El primer paso es mantener presionado el atajo **CTRL + SHIFT** y hacer clic en el elemento. De esta manera, se activará la selección y se puede modificar el objeto en forma individual. Una vez que hemos modificado el elemento, hay que proceder a efectuar la desvinculación final.

En la ventana **Páginas**, desplegamos el menú dentro del cual buscaremos la opción **Páginas maestras/Desvincular la selección de página maestra.**

También podemos desvincular todos los elementos de una página maestra al mismo tiempo. Para lograr esto, modificamos todos los elementos del pliego y, con el pliego seleccionado, en la ventana **Páginas** desplegamos el menú **Páginas maestras/Desvincular todos los objetos de página maestra**.

En ocasiones, será necesario modificar varios objetos de la página maestra, excepto algunos. La manera de hacerlo es ingresar a la página maestra y seleccionar los objetos que no queremos desvincular. Luego, en el menú de la ventana **Páginas maestras**, desmarcamos la opción **Permitir modificaciones de elemento maestro en selección**.

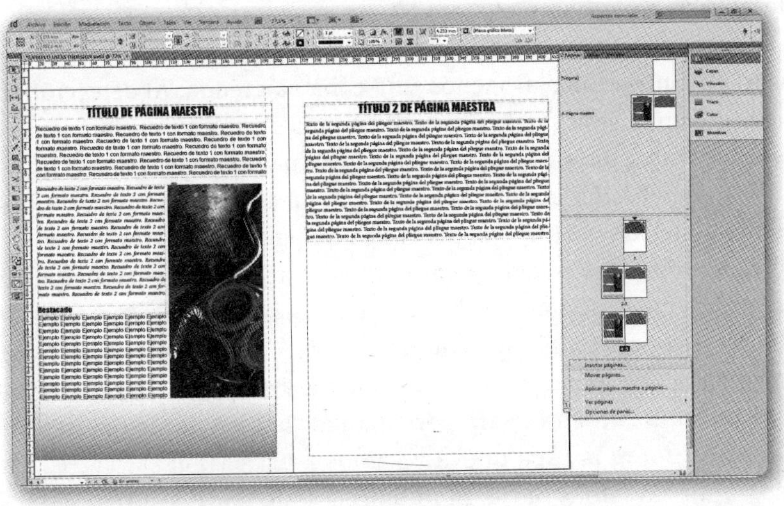

Figura 3. Este menú aparece mediante un clic derecho del mouse, al seleccionar **Nueva página maestra**, podemos agregar las páginas maestras que necesitemos.

CAMBIAR PROPIEDADES SIN DESVINCULAR

Cuando cambiamos algunos atributos de los objetos maestros en un pliego y lo hacemos sin **Desvincular**, quedan afectados solo los atributos modificados. Por ejemplo, si cambiamos el color de un objeto maestro en un pliego, cuando en la página maestra modifiquemos otra propiedad que no sea el color (como puede ser el tamaño), el objeto se verá afectado en su tamaño pero el color permanecerá con el cambio local.

Restaurar elemento maestro

Para restablecer elementos maestros, tenemos que seleccionarlos, y luego, con el pliego adecuado seleccionado en la ventana **Páginas**, tenemos que buscar en el menú la opción **Quitar cambios locales** o **Quitar todos los cambios locales**. Otra manera de restaurar los objetos maestros es seleccionar el pliego correspondiente y volver a aplicar el pliego maestro.

Capas y página

En InDesign, las capas permiten definir la superposición de elementos y mantener una mayor organización en la programación del diseño.

Si el panel **Capas** no está visible, puede activarse desde el menú **Ventana/Capas** o mediante el atajo **F7**. En la ventana **Capas**, que normalmente veremos acoplada como una solapa junto a la ventana **Páginas**, encontraremos al menos una capa ya creada. Al seleccionar una página en la ventana **Páginas** y luego dirigirnos a la solapa **Capas**, estaremos trabajando con las capas de esa página.

Las capas también pueden crearse en una página maestra, pero debemos tener en cuenta que las capas de página maestra serán visibles en todos los pliegos a los cuales se aplique esa página maestra.

Para crear una capa nueva, buscaremos el icono representado mediante una hoja en blanco con un doblez. La capa nueva pertenecerá a la página activa, aunque en la ventana **Capas** se verán listadas todas las capas del documento. Para personalizar la configuración, hacemos clic derecho sobre la capa nueva y vamos a **Opciones de capa para...**, desde donde podemos darle un nombre y un color distintivo.

Para cambiar el orden de las capas, bastará con seleccionar la capa deseada y desplazarla hacia arriba o hacia abajo en la lista.

Grilla editorial

Al realizar una pieza de diseño editorial, debemos tener en cuenta una estructura base que nos permita organizar todo el trabajo: la **grilla** o **retícula editorial**, que se repetirá en todas las páginas de nuestras piezas, cuyo fin es facilitar la composición y otorgarle legibilidad al texto para así alcanzar una comunicación efectiva con el receptor.

Un poco de historia

Si bien las grillas editoriales comenzaron a ser utilizadas con la imprenta de tipos móviles, debemos considerar que en civilizaciones antiguas surgieron ciertos métodos de organización de la escritura que permitieron llegar a su creación.

Los sumerios, por ejemplo, utilizaban tablas de arcilla para tallar con cuñas los símbolos que conformaban su escritura. Allí comenzó a aparecer cierta noción de orden, que luego continuó en otras civilizaciones con el uso de papiros y pergaminos, en los que ya se establecieron márgenes y renglones.

En la Edad Media, con los manuscritos iluminados, pueden observarse márgenes, columnas y espaciados constantes entre las líneas de texto y los mismos caracteres. Y no solo eso, sino que comenzaron a utilizarse las ilustraciones para acompañar los textos.

La producción de libros aún era manual, tediosa y exclusiva, y su acceso era reservado solo para una élite, casi en su totalidad religiosa, que podía leer y escribir.

Sin embargo, en el Renacimiento, la imprenta de tipos móviles permitió una reproducción en serie de textos que logró difundir la cultura a un público muy amplio, e introdujo una organización en forma de retícula, dada principalmente por la forma de los tipos de plomo. Estos se encontraban realizados en pequeños rectángulos que se combinaban para realizar palabras, líneas y bloques de texto.

Figura 4. Aquí podemos ver una composición de texto con tipos móviles en una prensa similar a la utilizada por Gutenberg para su Biblia de 42 líneas.

A pesar del gran avance que permitió este modo de composición, se perdió el gran valor estético de los manuscritos iluminados. Para ilustrar en serie, solamente podían agregarse bloques realizados en xilografía y, posteriormente, imágenes litográficas, que resultaban costosas.

LA GRILLA ES LA BASE QUE NOS PERMITE ORGANIZAR TODA NUESTRA PIEZA DE DISEÑO EDITORIAL

En el siglo XX se rompió con la monotonía compositiva a través de vanguardias, como el dadaísmo, que propusieron una gran experimentación tipográfica. Paralelamente, se dieron los aportes de la Bauhaus en Alemania y, luego de la Segunda Guerra Mundial, del **Estilo Tipográfico Internacional**, en Suiza (Escuela de Ulm), que comenzaron a generar usos asimétricos en las composiciones a través de grillas tipográficas calculadas matemáticamente.

Uno de los exponentes principales del diseño suizo de la época, Josef Müller-Brockmann, fue el creador del libro **"Sistemas de retículas"**, que aún es referente en la actualidad para el diseño editorial.

Ya en la década de 1980, comenzó a desarrollarse el software de autoedición como lo conocemos hoy, junto con las denominadas **imprentas digitales**, cuyas posibilidades compositivas son ilimitadas. Prueba de esto es el diseñador David Carson, quien desde el año 1992 al 2000 fue director de arte de la revista de música alternativa *Ray Gun*, en la que rompió completamente con cualquier concepción de diseño editorial tradicional. En ella Carson generaba páginas abstractas y mezclaba y superponía tipografías de diferentes familias y tamaños que no poseían legibilidad alguna, jugando de esta manera con la percepción del lector.

EL SECRETO ES MODULAR

Cuantas más divisiones de campos y columnas tenga una grilla, mayores serán las posibilidades a la hora de maquetar. Estos módulos nos permitirán crear variaciones compositivas, utilizando siempre la misma grilla editorial. Müller-Brockmann fue uno de los pioneros en documentar y explicar las posibilidades de esta técnica: demostró que con tan solo una buena retícula podemos ir de lo más simple a lo más complejo.

Elementos de una grilla

Una grilla está compuesta por una serie de elementos combinados, que son definidos según las necesidades de la publicación:

- **Página y pliego**: una de las primeras cosas para tener en cuenta es el tamaño de la página en la cual trabajaremos. Esta será la base de nuestros cálculos a la hora de organizar todos los demás elementos. Dentro de InDesign, podemos configurarla desde **Archivo/Nuevo/Documento**, al iniciar un nuevo trabajo, o desde **Archivo/Ajustar documento**, en caso de que deseemos cambiarlo posteriormente. Debemos saber que cuando imprimimos publicaciones complejas, como revistas o libros, las páginas se agrupan en pliegos: hojas más grandes que incluirán una cantidad mayor de páginas, por ejemplo, 8, 16, 32 o 64, según la cantidad de páginas que tenga la publicación. También, al realizar dobles páginas, trabajaremos con la estructura visual de ambas páginas combinadas.
- **Márgenes**: son los espacios en blanco que van desde el borde real de la hoja hasta la caja tipográfica. Según su tamaño, podemos lograr variaciones interesantes en cuanto a equilibrio compositivo y visual. Los blancos son muy importantes para generar descansos y pausas en la lectura. Tenemos márgenes superiores, inferiores, internos (o de lomo) y externos (o de corte). Para configurarlos, vamos a **Maquetación/Márgenes y columnas.**
- **Caja tipográfica**: se trata de un límite virtual, definido por los márgenes, en el que ubicaremos todos los elementos visuales. Se denomina **mancha** al conjunto de texto e imágenes que está contenido en una página, en contraposición a los blancos que mencionamos anteriormente.

SANGRADO O DEMASÍA

Es un pequeño margen extra en el que continuarán las imágenes o colores de fondo cuando existan elementos al corte de la página, para evitar que al guillotinar queden líneas en blanco. Para configurar el sangrado, al crear el documento desde **Archivo/Nuevo/Documento**, hacemos clic en **Más opciones** e introducimos el valor deseado en los cuadros de **Sangrado** en el apartado **Sangrado y anotaciones**.

Figura 5. Aquí vemos el espacio tradicional destinado para la caja tipográfica, ubicado en el medio de la doble página.

- **Cuadrícula base**: cuando elegimos una tipografía, no solo tiene un tamaño en puntos en cuanto a su altura real, sino que posee un valor de interlínea. Este valor indica la separación entre las líneas de un párrafo; por ejemplo, para un cuerpo tipográfico de 10 puntos, la interlínea ideal será de 12 puntos. Una página posee una cierta cantidad de renglones que indica la interlínea principal de la pieza. A esto se lo denomina **cuadrícula base**, y en ella apoyaremos todas las líneas de texto. Para configurarla, debemos ir a **Edición/Preferencias/Cuadrículas**. Para visualizarla, accedemos a **Ver/Cuadrículas y guías/Mostrar cuadrícula base**.
- **Columnas**: la caja tipográfica, una vez definida, puede ser dividida en sectores verticales de igual medida que denominamos **columnas**. Se encuentran separadas por un espacio, llamado **medianil**, que siempre será de 1 pica (12 puntos). Para agregarlas, vamos a **Maquetación/Márgenes y columnas**.

MODOS DE PANTALLA

Si vamos al menú **Ver/Modos de pantalla**, encontraremos opciones muy útiles para maquetar. El modo **Normal** es el estándar: en él veremos las guías, la caja tipográfica, la cuadrícula base, las columnas, etcétera. En el modo **Previsualizar**, todos estos elementos desaparecerán para dejarnos obtener una vista previa de cómo saldrá impreso o se verá realmente nuestro trabajo.

- **Campos**: además de las divisiones en columnas, tenemos divisiones horizontales equitativas denominadas **campos**. Se encuentran separados por una calle, que es la medida de la interlínea y debe coincidir siempre con esta. Para agregar campos, tenemos que crear guías: vamos a **Maquetación/Crear guías** y modificamos los valores dados en **Filas**. El medianil siempre será la medida de la interlínea.

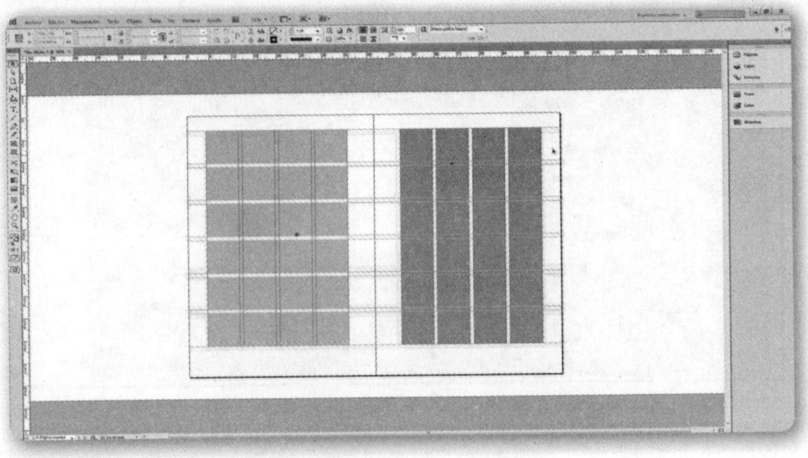

Figura 6 Una grilla compuesta por columnas y campos. Las columnas se encuentran marcadas a la derecha, los campos están resaltados a la izquierda.

Paso a paso: crear una grilla

Para crear una grilla en la que sus elementos coincidan, debemos tener en cuenta, ante todo, el tamaño de la página. Luego, tenemos que definir la interlínea que queremos utilizar de acuerdo con qué tipografía usaremos y para qué fin, ya que no es lo mismo diseñar un libro, que está pensado para una lectura prolongada, que una revista, donde podemos jugar un poco más con su temática e intencionalidad.

Una vez hecho esto, debemos pensar cuántas divisiones en campos serán útiles, lo que a su vez definirá el espacio restante para distribuir en los márgenes superior e inferior. Ya calculadas estas cuestiones, podemos decidir la cantidad de columnas que necesitamos y los márgenes restantes.

PAP: CREAR UNA GRILLA

01 Para comenzar, haga clic en `Archivo/Nuevo/Documento`, arme una página de 239 milímetros de ancho por 297 milímetros de alto.

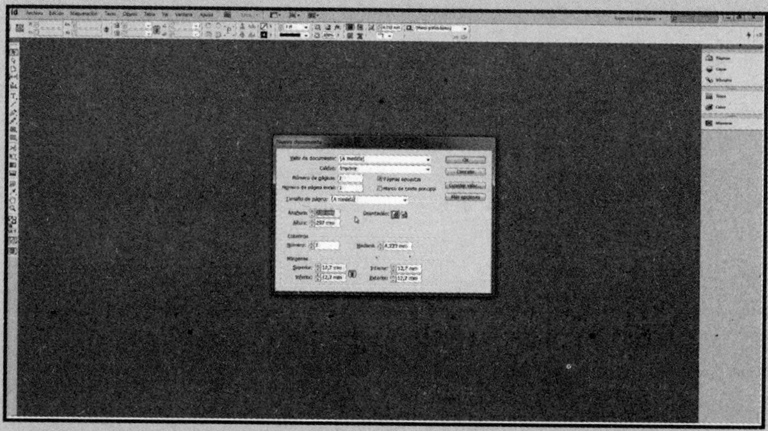

02 Cambie de medida las `Reglas` haciendo clic derecho sobre ellas: la vertical será en `Puntos` y la horizontal, en `Picas`. Puede elegir otra unidad, si le resulta más cómodo, pero para este ejemplo trabajá con estas unidades.

03 En Edición/Preferencias/Cuadrículas, establezca en Inicio 0 puntos. En Respecto a, elija Principio de la página. En Incremento cada, coloque el valor de la interlínea base (en este caso, 13 puntos). Para verla, vaya a Ver/Cuadrículas y guías/Cuadrícula base.

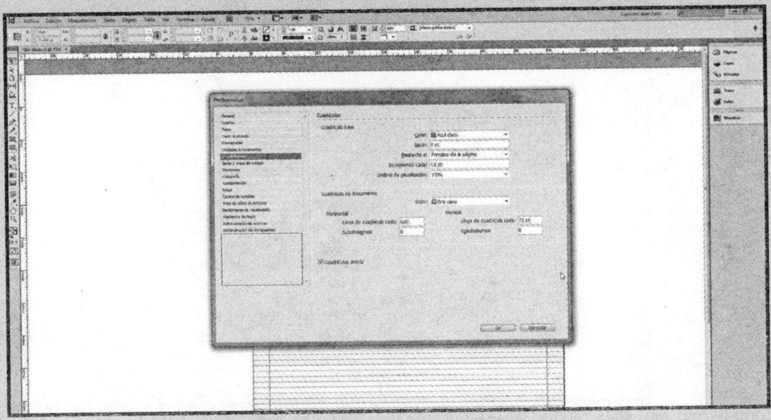

04 En Archivo/Ajustar Documento, puede ver que el valor de altura de la página, antes expresado en milímetros, es de 841,89 puntos. Si se divide este valor por el de la interlínea de 13 puntos, obtiene que la página presenta 64,76 líneas.

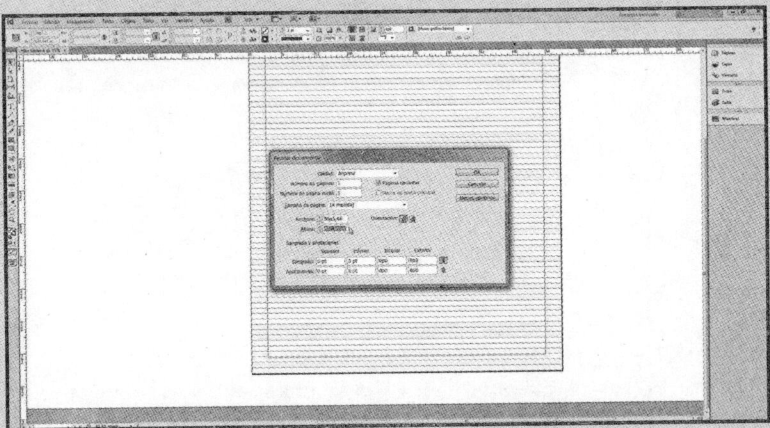

05 Aquí, se quieren 6 campos de 8 líneas (5 calles). Si multiplica la cantidad de líneas por la de campos y suma las líneas de calle, obtendrá el alto total de la **caja tipográfica**. Si resta el valor de la caja, sabrá las líneas para los márgenes. En `Maquetación/Márgenes y columnas`, introduzca en `Superior`, 65 y en `Inferior`, 87,88.

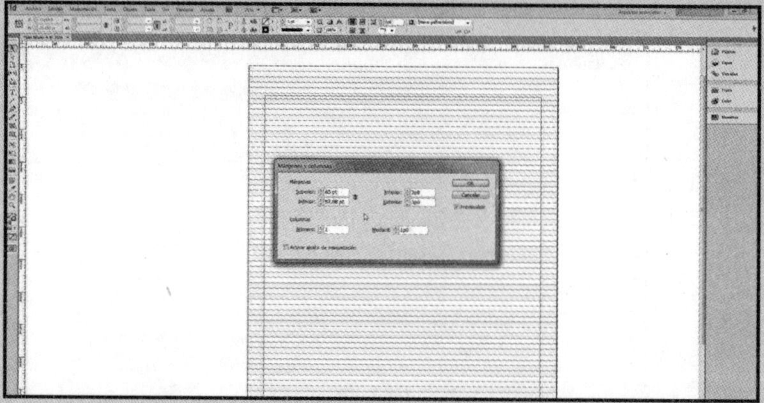

06 Para agregar campos, vaya a `Maquetación/Crear guías`. En `Filas/Número`, ingresamos 6 y en `Medianil, 13 puntos`. Marca la opción `Previsualización` y elija `Encajar guías a: Márgenes`.

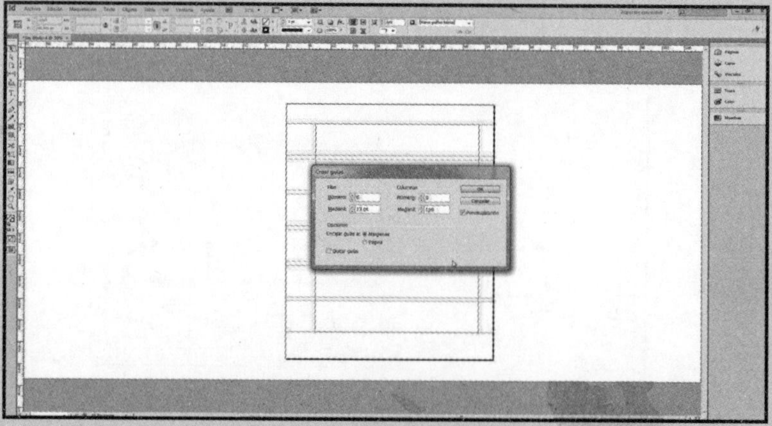

07 Ahora diríjase a `Maquetación/Márgenes y columnas`, en `Interior` coloque `8 picas`, en `exterior`, `4 picas`. Finalmente, se decide utilizar 4 columnas, valor que coloca en `Número`.

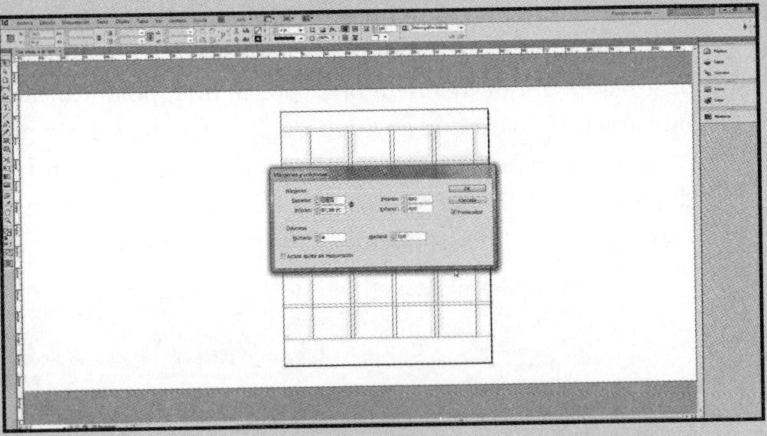

08 Una vez terminada la grilla, se puede empezar a trabajar con los demás elementos de diseño. Las combinaciones dependerán de la cantidad de módulos que haya logrado con los campos y las columnas.

Imágenes en una página

Al momento de insertar imágenes en InDesign, podemos dirigirnos a **Archivo/Colocar** o pulsar la combinación **CTRL + D**. Ambas maneras nos muestran una ventana de búsqueda en la que tenemos que seleccionar el archivo deseado, que luego será ubicado en la página de InDesign. Debemos tener en cuenta que la imagen será visualizada en el tamaño original en el que se encuentra, por lo que, posteriormente, tendremos que ajustarla para que se adapte a la estructura de la página.

Como sabemos, cuando comenzamos a desarrollar un trabajo, determinamos dónde se ubicarán los textos, las imágenes y los gráficos. Para los dos últimos, debemos desarrollar el concepto de **caja** o **marco**.

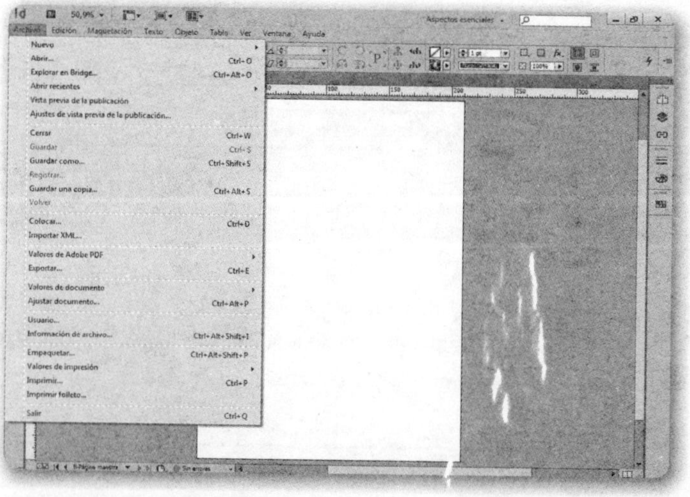

Figura 7. Debemos tener en cuenta que las opciones ofrecidas por InDesign pueden ser accedidas mediante una combinación de teclas, como **CTRL+D** para colocar una imagen.

La herramienta **Marco rectangular** permite crear un sector en el que posteriormente se colocará la imagen. Para lograr esto, primero creamos el marco con las dimensiones que necesitemos. Para continuar, traemos la imagen deseada hacia la página de InDesign.

En forma predeterminada, la imagen se adapta al marco creado; para ajustarla a nuestras necesidades será necesario hacer clic en **Objeto/Encaje**. Mediante estas opciones, podremos adaptar de manera rápida y sencilla el tamaño de la imagen.

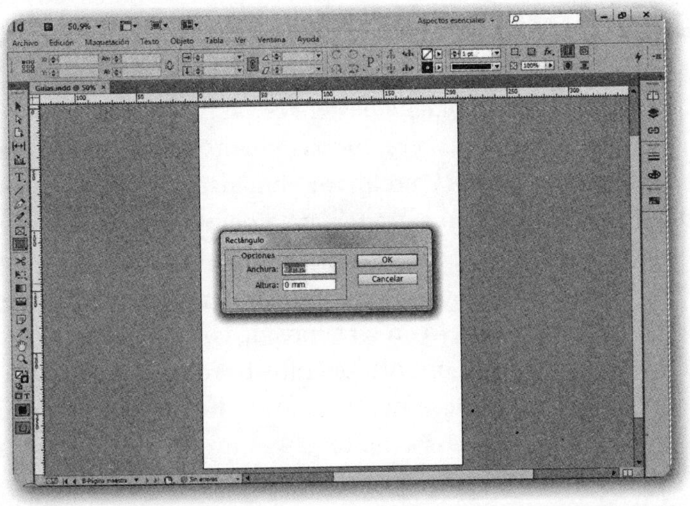

Figura 8. Al seleccionar la herramienta **Marco rectangular** y realizar un clic izquierdo sobre la página, se abrirá una ventana para ingresar las dimensiones del marco.

Existen diferentes características que debemos tener en cuenta con respecto a la inclusión de imágenes en InDesign, que dependen del trabajo que vayamos a realizar. Por ejemplo, en el último tiempo se ha popularizado el uso de las revistas virtuales, las cuales pueden ser leídas por medio de una interfaz gráfica muy accesible. En contraste, se encuentran las revistas impresas que ya conocemos.

Para cada tipo de publicación, debemos exportar o guardar la imagen teniendo en cuenta en qué medio será publicada (por ejemplo, impreso o virtual): **CMYK** o **RGB**, respectivamente. Después de seleccionar la imagen en InDesign, nos dirigimos al panel **Información** y allí podemos ver en qué modo se encuentra, su tamaño en pixeles y su resolución.

MODO DE COLOR EN INDESIGN

Para ver en qué modo de color está colocada una imagen en InDesign, debemos abrir la ventana **Vínculos**, ahí hacemos clic sobre la imagen y se desplegará un cuadro de diálogo que indica las propiedades del vínculo elegido. En esa misma ventana vemos un icono que representa un lápiz, ubicado abajo a la derecha, lo presionamos y la imagen se abrirá en **Photoshop**. Allí podremos cambiar al modo de color que necesitemos.

Bordes personalizados

Cuando realizamos un diseño editorial, debemos saber que todo lo que aparezca dentro del trabajo debe pertenecer al diseño que hemos definido con anticipación. De esta manera, todo elemento, desde el más pequeño hasta el más grande, ayudará a reforzar el mensaje que buscamos transmitir. Por ejemplo, si nuestra temática del trabajo es Halloween, no sería adecuado usar como borde de una imagen los colores del arcoíris. Con este sencillo ejemplo podemos entender cómo un mínimo detalle puede sumar o restar impacto en términos de comunicación.

En este sentido, cobran importancia los bordes, por eso debemos mencionar sus características principales. El **borde** o **contorno** ayuda a destacar el elemento que contiene, ya sea un texto o una imagen. Para ver su uso, tenemos que emplear la herramienta **Rectángulo**, para crear un área en la página de trabajo. Luego nos dirigimos al panel **Trazo**, en el que veremos todas las opciones que nos permitirán darle formato al borde. Dejaremos algunas fuera de esta explicación porque pertenecen a la edición de una línea sin cerrar, como **Límite en Ángulo**, **Remate**, **Inicio** y **Fin**.

Entre las opciones que nos permitirán personalizar un borde encontramos la opción de **Grosor**, que define el ancho de la línea y nos presenta alternativas que transformarán el borde en fino y sutil o más grueso, gracias al uso de máximo ancho que el programa nos permite.

Figura 9. Podemos alterar el grosor de las líneas desde el panel **Trazo**.

A continuación, se presenta la opción **Alinear trazo** para indicar si el borde estará o no alineado a la guía principal del rectángulo.

La opción **Tipo de línea** permite elegir diferentes clases decorativas de líneas, desde variaciones del mismo estilo hasta formas inusuales, como diamantes y puntos. La última variante de esta categoría es **Línea discontinua**, que abre un cuadro de opciones que nos permite definir el tamaño del hueco, el espacio y el guion para el borde.

Otra alternativa interesante es cambiar el color del borde. Para esto, nos dirigimos al panel **Color** y elegimos el que se adecue a nuestras necesidades.

Además de darle un borde personalizado a una imagen, podemos agregarlo a un texto. Para esto, primero seleccionamos la herramienta **Texto** y creamos un área de escritura; luego, mediante la herramienta **Selección**, la seleccionamos y volvemos al panel **Trazo** para realizar los cambios en el borde, tal como describimos anteriormente.

Agregar imágenes

Existen dos opciones para agregar las imágenes que utilizaremos en InDesign: **Colocar** e **Incrustar**, y cada una de estas alternativas ofrece características distintas.

Cuando usamos la opción **Colocar** (**Archivo/Colocar...**) para agregar una imagen, esta pasa a estar vinculada con el programa. Esto quiere decir que se encuentra en una carpeta de la computadora, lo que produce como resultado un documento final de InDesign con menos peso.

Cuando editamos la imagen en un programa externo (como Photoshop) y guardamos los cambios, las alteraciones también se presentarán en el archivo de InDesign.

¿COLOCAR O INCRUSTAR?

Siempre es mejor **Colocar** que **Incrustar**, pues de esta manera el archivo es más liviano y seguro. Si un archivo se rompe por causas ajenas (corte de luz, un vínculo o una fuente corrompidas), se tendrá que empezar todo de nuevo, y si se generaron cambios en la imagen, también se perderán. Si el archivo está vinculado, solo habrá que reelaborar el archivo InDesign y llamar nuevamente a los vínculos.

La segunda alternativa es **Incrustar**. Para usarla tenemos que haber agregado la imagen previamente: para esto, vamos al panel **Vínculos** y elegimos la opción **Incrustar vínculos**. Al instante, aparece al lado de la imagen un icono que representa que la función fue activada. Desde ese momento, la imagen se encuentra incrustada.

Figura 10. El icono que se presenta con un cuadrado y un triángulo representa la incrustación de una imagen en el archivo.

Al realizar esto, la imagen pasa a formar parte del archivo, por lo cual su peso aumentará. Si necesitamos realizar un cambio en la imagen, tenemos que usar la opción **Editar con**, que se encuentra en el panel **Vínculos**. Desde allí elegimos el programa que usaremos para realizar la edición, que puede ser, por ejemplo, Photoshop. Si editamos la imagen de manera externa, no se actualizará en el archivo de InDesign, ya que no se encuentran vinculados.

Dimensión

Cuando desarrollamos un proyecto editorial en InDesign es común que debamos incorporar imágenes. Si no las hemos editado anteriormente, una vez que las agreguemos a InDesign, se abrirán con el tamaño original. En este caso, podremos redimensionarlas utilizando las opciones que mencionaremos a continuación.

Cuando necesitamos darle un tamaño a una imagen, tendremos que utilizar la herramienta **Selección** para marcar una de las esquinas; al redimensionar, la imagen no se modificará, sino que solo cambiará el marco que la contiene. A medida que lo agrandamos o disminuimos, se visualizará mayor o menor contenido de la imagen, pues solo estaremos alterando el marco.

Como sabemos, cuando colocamos una imagen en un archivo, se crea un marco predeterminado que la contiene. Por esto, cuando tratamos de darle una dimensión diferente a la imagen solo afectamos al marco.

Para cambiar el tamaño de la imagen, primero la seleccionamos con la herramienta **Selección**, luego vamos a la pestaña **Objeto/Transformar** y elegimos **Escalar...**. Se abrirá una ventana con las opciones que necesitamos para alterar el tamaño. También podemos activar la opción **Previsualización**, que muestra en tiempo real el antes y después de la imagen. También es posible acceder a estas opciones haciendo un clic derecho sobre la imagen y seleccionando la opción **Escalar**.

Por otra parte, cuando trabajamos con imágenes es muy importante saber cuál será su destino final (imprenta o Web), porque dependiendo de esto tendremos que alterar el modo de color correspondiente.

Opciones de visualización

Usualmente utilizamos InDesign para desarrollar proyectos editoriales, como libros y revistas, que pueden contener una gran cantidad de imágenes que nos sirven como soporte visual del texto. En estos casos, podemos encontrarnos con archivos que contienen demasiadas imágenes, lo que reducirá el rendimiento del equipo a la hora de visualizarlas.

Para mejorar el rendimiento, podemos cambiar la manera de ver las imágenes. Es posible elegir entre tres opciones de visualización, las cuales se encuentran en **Objeto/Rendimiento de visualización**:

- **Visualización rápida**: muestra solo la estructura de la imagen sin el contenido visual. No podemos ver la imagen, solo vemos un cuadrado gris que la reemplaza. Esta es la mejor opción a la hora de explorar un archivo y la cantidad de páginas correspondientes. También podemos ver la estructura del proyecto formado por cajas de texto y cajas de imágenes, lo que nos permite saber si la distribución de los elementos en cada página es la correcta.

- **Visualización típica**: permite ver la imagen, pero en una resolución baja, es decir que podremos visualizar su contenido pero no con la mejor calidad. Con esta opción veremos mejor el proyecto y tendremos una noción de cómo será el resultado final. Así, esta visualización es un intermedio entre la primera y la última opción, ya que las imágenes comienzan a aparecer y el rendimiento de la computadora comenzará a disminuir, debido a la cantidad de información presente.

OBTENDREMOS UNA VISTA PERFECTA DE LA IMAGEN A TRAVÉS DE LA VISUALIZACIÓN DE ALTA CALIDAD

- **Visualización de alta calidad**: muestra la imagen en su mayor calidad. Con esta opción accedemos a una visualización perfecta de las imágenes, en la que no se pierde ningún contenido. La desventaja es que disminuye el rendimiento de la computadora a la hora de ver el archivo completo.

Antes de elegir entre las tres categorías presentes en **Rendimiento de visualización**, debemos tener en cuenta que, según las características de la computadora que utilicemos, podremos usar una u otra opción sin importar la disminución en el rendimiento. Por ejemplo, si contamos con una buena cantidad de memoria, podemos emplear sin problemas la **Visualización de alta calidad**.

Paso a paso: vincular una imagen

Como vimos, en InDesign contamos con variadas opciones para agregar imágenes, ya sea colocar o incrustar. En este procedimiento aprenderemos las acciones que debemos completar para sumar una imagen a un documento de InDesign. Es importante recordar que, al colocar las imágenes, estas quedan vinculadas al documento, por lo que el documento es mucho más pequeño; y que la imagen incrustada se copia a resolución completa en el documento.

PAP: VINCULAR UNA IMAGEN

01 Abra la imagen con el comando CTRL+D y diríjase a Ventana/Vínculos.

02 En el panel Vínculos se ve que la imagen está vinculada. En la sección inferior de la ventana de información, el Estado aparecerá como OK.

03 Si se quiere incrustar la imagen en el archivo, debe seleccionar, en el panel `Vínculos`, la opción el `Incrustar` vínculo.

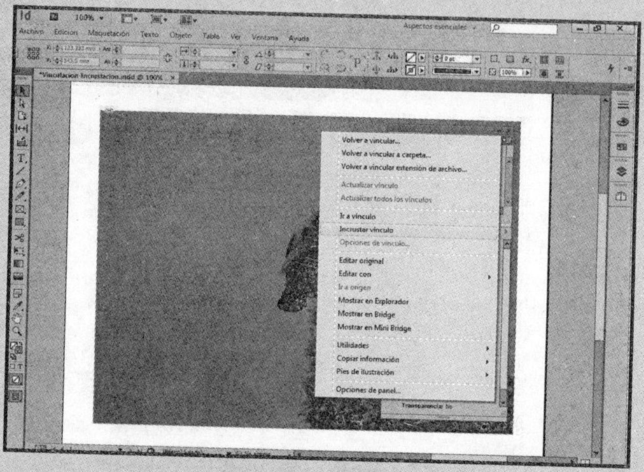

04 Aparecerá un icono en el panel `Vínculos` que indica que la imagen se encuentra incrustada, también puede verlo en la información de su `Estado`.

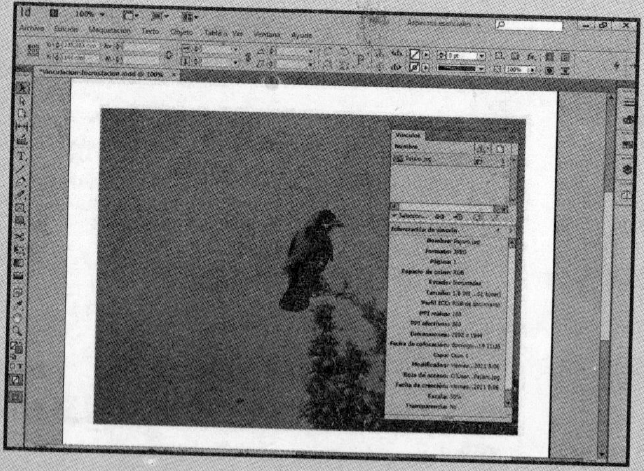

Formas básicas

Cuando estamos trabajando en un proyecto en InDesign, existe la posibilidad de que necesitemos incluir formas básicas vectoriales. Normalmente las realizaríamos en **Illustrator**, pero para evitarnos el traspaso de un software al otro, la barra de herramientas de InDesign nos brinda las opciones para que podamos realizarlas de manera directa.

Primero debemos identificar la ubicación de estas formas en la barra de herramientas, situada a la izquierda del área de trabajo. Las formas están agrupadas de acuerdo al uso que les podemos dar.

En el segundo grupo y debajo de la herramienta **Texto**, encontramos la **Línea**, la **Pluma** y, agrupadas, las **formas básicas** posibles de crear: **Rectángulo**, **Elipse** y **Polígono**. La manera de visualizar las herramientas agrupadas es haciendo clic derecho con el botón del mouse. De esta manera, podemos elegir la opción que necesitamos.

Fig 11. Aquí identificamos las herramientas con las que contamos, así reconoceremos rápidamente las operaciones que podemos realizar con ellas.

HERRAMIENTAS

El cuadro de herramientas, de manera predeterminada, es una única barra lateral. No es posible alterar el orden de las herramientas, ya que están agrupadas de acuerdo con el uso que tienen. El primer grupo corresponde a las herramientas de selección; el segundo, a las de texto y dibujo; el tercero son las herramientas de transformación; y el último grupo, las de navegación y modificación.

Creación

Para aprender el uso de las formas básicas, lo primero que haremos será elegir entre **Rectángulo**, **Elipse** o **Polígono**. Seleccionamos la opción que necesitamos y llevamos el puntero hacia el área de trabajo. Para continuar, hacemos un clic sostenido y nos desplazamos hasta alcanzar el tamaño que deseamos para la forma.

De esta manera, la forma que creamos se genera desde el vértice superior izquierdo. Si quisiéramos crear la figura desde el centro, debemos mantener presionada la tecla **ALT** mientras desplazamos el cursor del mouse.

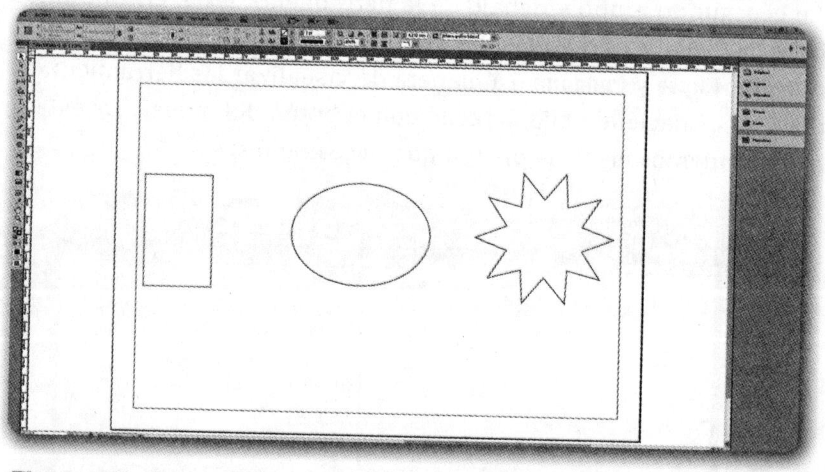

Figura 12. Rectángulo realizado libremente, una elipse creada desde el centro presionando **ALT** y un polígono de igual proporciones con **MAYÚS**.

Para mantener la proporción de ancho y alto en las figuras creadas, mantenemos presionada la tecla **MAYÚS** mientras arrastramos el mouse hasta obtener la medida deseada. En el caso particular de la herramienta **Línea**, presionar la tecla **MAYÚS** limitará el ángulo a 45º.

Configuración

Las formas básicas poseen una instancia previa de configuración mucho más específica a la cual accedemos seleccionando la herramienta, por ejemplo, **Elipse**, y luego haciendo clic en el área de trabajo. Se ejecutará una ventana en la que vamos a ingresar datos de **Ancho** y **Alto**, en el caso de la **Elipse** y el **Rectángulo**.

Las opciones de configuración de un **Polígono** nos permiten, además, señalar la cantidad de lados y el margen de estrella. Este es un valor que pondremos en porcentaje y que nos marcará la longitud de las puntas del polígono. Recordemos que estas siempre tocan el borde del cuadro de la forma, por lo tanto, a mayor porcentaje, mayor será la profundidad de las puntas.

Cuadrícula de formas

Como ya sabemos, InDesign es un software de maquetación, por lo que existe la posibilidad de que necesitemos realizar formas dentro de una cuadricula. A diferencia de la creación de formas básicas, esta es una particularidad de InDesign, que no comparte con Illustratror.

Para crear una cuadrícula de formas, escogemos una forma básica haciendo clic en la opción deseada. Vamos hacia el área de trabajo y hacemos clic como si fuéramos a trazar una única figura, sin soltar el botón del mouse. Presionamos en el teclado la flecha derecha y veremos que se irán sumando columnas; continuamos presionando en la flecha tantas veces como columnas necesitemos. Moviéndonos de derecha a izquierda podemos sumar o restar columnas. Lo mismo sucede con la flecha hacia arriba y abajo: en este caso, sumarán o restaran filas a la cuadrícula de formas.

Modificar polígonos

Es interesante tener en cuenta que existe un modo de modificar los polígonos que realizamos en InDesign. Para llevarlo a cabo, seleccionamos la herramienta **Polígono** y hacemos clic sobre el área de trabajo, arrastramos y comenzamos a trazar la figura que deseamos.

MARCADOR DE POSICIÓN

Al igual que las **formas básicas**, los **marcadores de posición** pueden ser rectángulos, elipses o polígonos. Se crean, editan y modifican de la misma manera que las formas básicas, pero no poseen relleno y, en su lugar, tienen una X que nos indica que en el futuro dicha forma debe ser sustituida por una imagen o un texto.

Sin soltar el botón del mouse, hacemos clic en la barra espaciadora y en la flecha hacia arriba del teclado para agregar lados al polígono. La flecha hacia abajo disminuirá los lados.

Con el mismo procedimiento, pero con las flechas hacia la derecha e izquierda, modificaremos el margen de estrella. Si apretamos la barra espaciadora junto con la flecha hacia la derecha, notaremos que el margen de estrella se hace mayor, mientras que, si presionamos la flecha izquierda, el margen se hará más pequeño.

Trazados vectoriales

Además de las formas básicas, InDesign comparte con Illustrator la posibilidad de crear **trazados vectoriales**. Estos trazados nos permiten crear formas sin la necesidad de salir de InDesign. Esto puede resultar muy útil para formas simples o detalles, pues agilizará nuestro trabajo. Debemos considerar que siempre es recomendable trabajar figuras vectoriales complejas en Illustrator y luego colocarlas en InDesign.

Para crear formas vectoriales sencillas, usaremos la herramienta **Pluma**. Los trazados vectoriales que realicemos pueden tener segmentos curvos o rectos de acuerdo a cómo los construyamos. Cada punto de unión entre los segmentos es un punto de ancla desde donde vamos a poder manejar los nodos. Dichos nodos poseen manejadores de dirección que nos permiten modificar la forma de los segmentos.

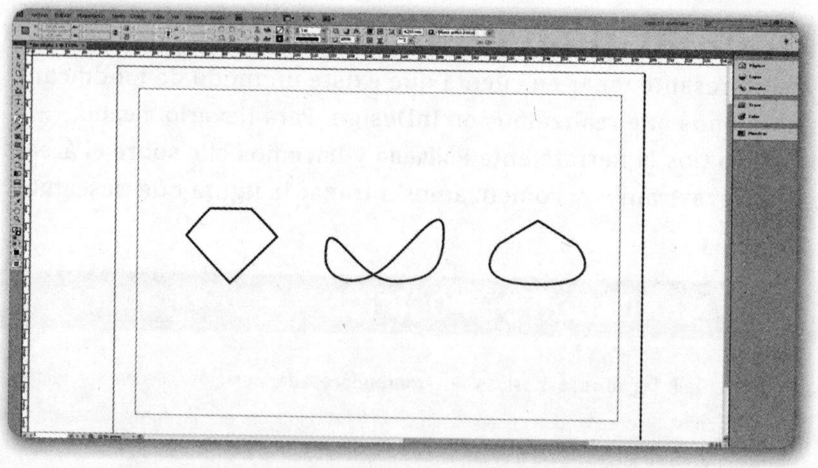

Figura 13. Formas vectoriales con sus diferentes puntos de ancla: **vértice**, **suavizado** y **mixto**.

Podemos identificar dos tipos diferentes de puntos de ancla, los que poseen vértice y lo que son suavizados. Los primeros presentan uniones filosas, y los puntos de ancla suavizados son aquellos que se conforman de curvas.

Se pueden crear formas que solo posean uniones con vértice o solamente uniones suavizadas, así como formas en las que se presenten ambas uniones.

Otro detalle que debemos tener en cuenta es que todos los trazados y formas que realizamos en InDesign poseen un punto central, el cual no forma parte del trazado y, sin embargo, no puede eliminarse ni ocultarse. Este punto nos permite mover el trazado, arrastrarlo y también editar su alineación respecto a otros elementos.

Hasta aquí hemos aprendido a crear formas básicas, editar su configuración de tamaño y proporción. Pero también es posible editar características tales como el grosor del trazo, color, patrón de guiones y patrón de líneas estilizadas. La edición de estas características se realiza cuando la figura ha sido creada, desde el panel superior o también desde las ventanas **Trazo** y **Color**, situadas a la derecha del área de trabajo.

Bordes personalizados

Los bordes personalizados son herramientas muy útiles para la creación y edición de formas sencillas dentro de InDesign.

Existen tres maneras de componer bordes: con guiones, con puntos o con rayas. Los dos primeros se crean modificando el espaciado entre los guiones o puntos, mientras que, cuando trabajamos con bordes con rayas, el espaciado se da por medio de una o más líneas horizontales.

Para crear un borde personalizado, vamos al menú **Trazo**, desplegamos el botón de opciones y seleccionamos **Estilos de Trazo**. Se abrirá una ventana con todas las opciones de bordes que se encuentran cargadas en InDesign. A continuación, elegimos **Nuevo** y se abrirá una ventana en la que veremos las opciones disponibles para crear un borde.

Antes de realizar cualquier modificación, le asignamos un nombre al borde, por ejemplo, **prueba_01**. Primero definimos con qué patrón vamos a trabajar, si con guiones, rayas o puntos, luego pasamos a la creación del borde. Para agregar una nueva forma, hacemos clic sobre la línea del patrón y arrastramos la forma para ubicarla donde lo consideremos correcto.

Para ampliar o disminuir una raya, debemos arrastrar hacia arriba o abajo. En el caso de los guiones, arrastramos las formas hacia la derecha o izquierda para modificar su ancho.

Si deseamos eliminar una raya, guion o punto, simplemente debemos detenernos sobre la forma y hacer un clic sostenido para arrastrarla fuera de la regla de edición.

Una vez que se encuentre lista la edición del borde, presionamos el botón **OK** y la creación se agregará a la lista de bordes de InDesign. Podemos guardar el borde seleccionándolo y haciendo clic en **Guardar**. De esta manera, si se trata de un borde que usaremos en reiteradas oportunidades, podremos acceder a él sin tener que crearlo una y otra vez.

Organizar elementos

Cuando utilizamos diferentes elementos dentro de una página, puede que se nos presente un problema de ubicación en el plano. A medida que vamos trabajando con diferentes objetos, colocando imágenes o escribiendo en cuadros de texto, su disposición se va dando en el orden en que los elementos son creados.

Supongamos que hemos generado cuatro formas básicas en diferentes colores y estilos de bordes. Notaremos que la primera forma queda en el fondo y las siguientes se ubican una sobre la otra. Para modificar dicho orden, vamos a seleccionar la forma que quedó en el fondo.

Figura 14. Arriba vemos los objetos en el orden que fueron creados. Más abajo su disposición luego de utilizar la herramienta **Organizar**.

Tenemos dos opciones para organizar estos elementos: la primera es ir al menú **Objeto**, elegir **Organizar**, luego escoger entre **Traer al frente**, **Hacia delante**, **Hacia atrás** y **Enviar detrás**.

La segunda opción consiste en seleccionar la figura y hacer clic en el botón derecho del mouse para que se despliegue el menú contextual. En la lista de opciones, encontraremos **Organizar** y los cuatro modos disponibles para desplazar un objeto hacia delante o atrás.

Una vez que tenemos las figuras ubicadas en el orden que necesitamos, vamos a suponer que es necesario unirlas y formar un solo trazado con dos de ellas. Para dicha tarea, en InDesign (al igual que en Illustrator) usamos la herramienta **Buscatrazos**. La podemos encontrar en **Ventana/Objeto** y en **Maquetación/Buscatrazos**. Esta herramienta nos brinda cinco diferentes opciones para crear formas compuestas:

- **Añadir**: suma los contornos de todas las figuras y crea una sola.
- **Restar**: elimina el sector de superposición de la figura que se encuentra en el frente.
- **Formar intersección**: crea una nueva forma en función del sector que comparten ambas figuras.
- **Excluir superposición**: genera una nueva forma excluyendo las áreas que ambas figuras comparten.
- **Menos fondo**: elimina el sector de superposición de la figura que se encuentra en el fondo.

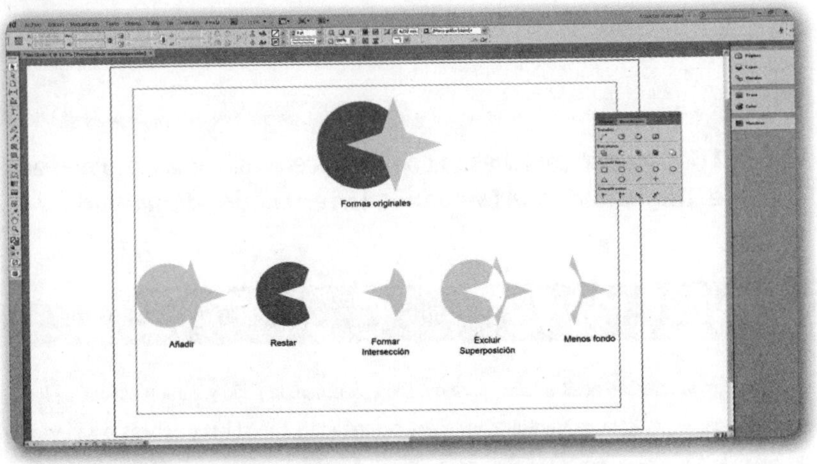

Figura 15. Aplicación de las diferentes opciones de la herramienta **Buscatrazos**.

Esta herramienta no solo sirve para unir trazados de formas, sino también cajas de texto.

Herramientas de transformación

Existe un grupo de herramientas que nos será de gran utilidad en lo que respecta a edición de trazados, formas básicas o texto. Estas son las **herramientas de transformación**, ubicadas en el tercer grupo de la barra de herramientas, a la izquierda del área de trabajo.

De este grupo vamos a prestar especial atención a las herramientas **Tijera**, **Muestra de degradado** y **Desvanecimiento de degradado**.

La herramienta **Tijera** nos da la posibilidad de cortar segmentos de trazados a partir de la selección de puntos específicos. Su atajo en el teclado es la letra **C**.

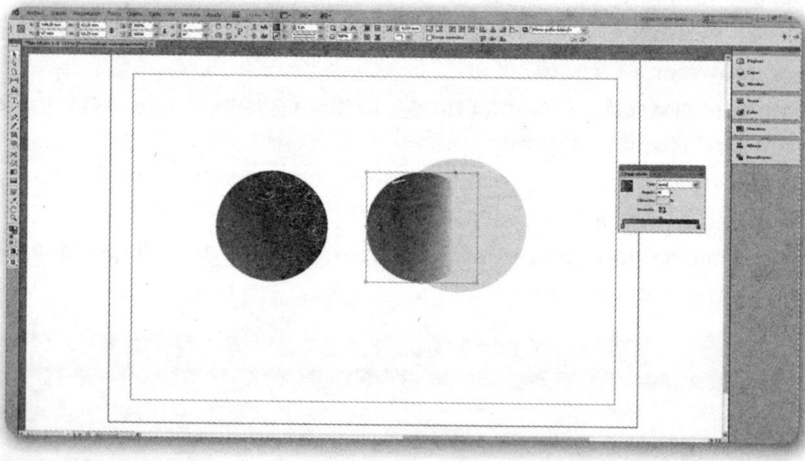

Figura 16. Este ejemplo muestra cómo se puede utilizar la **Herramienta de Degradado** y el **Desvanecimiento de degradado**.

OBJETIVO

Si bien InDesign nos brinda diversas posibilidades para modificar el orden, tamaño y características de los elementos que creamos, es importante trabajar de manera organizada y con objetivos claros para evitar perder tiempo editando o probando opciones. Para esto, debemos conocer las opciones de edición, pero también asegurarnos de trabajar a conciencia y con un objetivo claro.

Por ejemplo, si realizamos un rectángulo en el centro del área de trabajo y queremos eliminar el segmento superior, tenemos que seleccionar la **Tijera** o pulsar la letra **C** del teclado. Luego nos dirigimos al rectángulo y hacemos clic en uno de los nodos superiores: allí es donde el corte comienza. A continuación, hacemos clic en el otro nodo, donde finaliza el segmento que queremos eliminar.

Después de completar estos pasos, el corte estará listo; sin embargo, InDesign no elimina el segmento que hemos cortado, solamente lo separa de la figura inicial, por lo que únicamente nos resta hacer clic en el segmento que cortamos con la herramienta **Selección** y borrarlo. De esta manera, ya tenemos el rectángulo sin el segmento superior.

La herramienta **Degradado** nos permite personalizar el punto de inicio, el final y la inclinación del degradado que estamos aplicando en alguno de los elementos.

Para editar el degradado, debemos ir a **Ventana/Color/Degradado**. Allí podemos modificar el tipo (**Lineal** o **Radial**), el ángulo (su inclinación) y la ubicación expresada en porcentaje, que señala el comienzo y el fin del degradado.

La herramienta **Desvanecimiento de degradado**, como su nombre lo indica, nos permite generar un degradado con transparencia. Se puede aplicar incluso sobre un degradado sólido e indicar una inclinación independiente.

RESUMEN

En este capítulo nos centramos en los elementos para maquetación y armado de nuestra publicación digital. Aprendimos cómo funciona una página maestra, qué es una grilla editorial, los elementos que la componen y su importancia al momento de realizar una pieza editorial compleja. También abordamos los métodos más eficaces y rápidos para insertar imágenes y aprendimos a crear formas básicas.

Actividades

TEST DE AUTOEVALUACIÓN

1 ¿Qué es una **página maestra**?

2 Enumere algunos de los formatos que pueden aplicarse en una página maestra.

3 ¿Qué es una **grilla editorial** y cuál es su importancia?

4 Desarrolle las dos maneras de colocar imágenes en InDesign.

5 Enumere y describa las opciones de visualización de imágenes.

EJERCICIOS PRÁCTICOS

1 Abra el programa y cree una doble página con el siguiente formato: 36 cm x 25 cm.

2 Aplique el siguiente marginado: Inferior: 1,5 cm; Superior: 1,2 cm; Exterior: 2 cm; e Interior: 0,9 cm.

3 Establezca la medida de la caja de composición y una interlínea de 12 puntos. Dada la interlínea, ¿qué cuerpo tendrá la tipográfica a utilizar?

4 Aplique una grilla que contenga 6 x 6 campos a lo ancho y a lo alto.

5 Disponga dos imágenes en la doble página: una, que contenga un borde personalizado y la otra, al corte.

*04

Opciones interactivas

En estas páginas aprenderemos a trabajar con distintas opciones animadas e interactivas que podemos incluir en los documentos de InDesign para que sean parte de páginas web o reproducidas en medios digitales. Veremos el procedimiento necesario para crear elementos interactivos y, luego, cómo deben ser exportados para que cumplan con su objetivo, reconociendo los diferentes formatos disponibles.

Documentos interactivos

Cuando hablamos de interactividad en documentos, nos referimos a la posibilidad de incluir objetos que requieran la participación del usuario para obtener diferentes resultados. Una de las interactividades más frecuentes es el "clic", lo que significa que el usuario debe hacer un clic en un lugar del documento para que se realice alguna acción, tal como visualizar otra página o reproducir un sonido, entre otras. En esta sección, aprenderemos a crear hipervínculos y botones y a insertar películas y sonidos en nuestros documentos.

Hipervínculos

La creación de hipervínculos permite trasladarse de forma inmediata hacia otra página, otro lugar dentro de la misma página, una dirección web, un archivo o un correo electrónico. InDesign posee una paleta específica para cumplir con esta tarea, a la cual accedemos desplegando el menú Ventana, situándonos en la opción **Interactivo** y activando **Hipervínculos**.

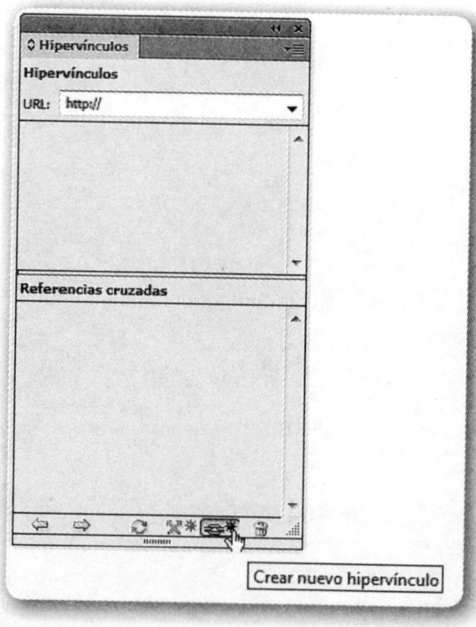

Figura 1. A través del botón **Crear nuevo hipervínculo**, crearemos los vínculos del documento.

Es importante tener en cuenta que los hipervínculos se componen de dos elementos: **origen** y **destino**. El origen de un vínculo es el elemento (texto, imagen u objeto) en el cual se debe hacer un clic para acceder al destino. Para crear un hipervínculo, seleccionamos el objeto de origen y hacemos clic sobre el botón **Crear nuevo hipervínculo**. Se mostrará el cuadro **Nuevo hipervínculo**.

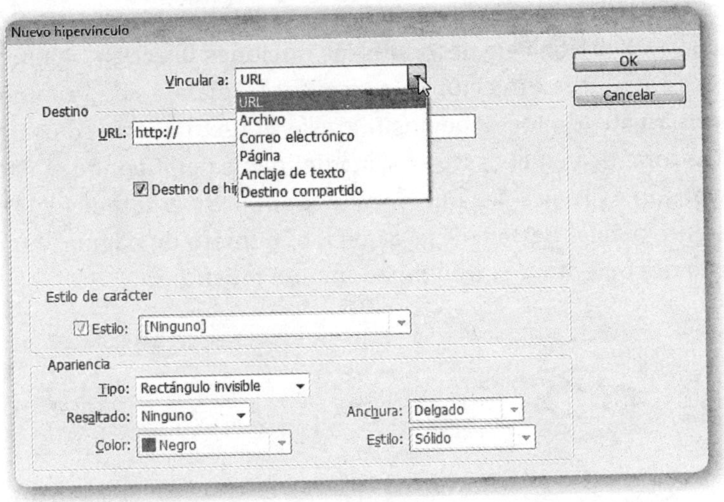

Figura 2. En la lista **Vincular a** debemos elegir a qué tipo de destino deseamos llegar.

Como punto de partida, tenemos que indicar a qué tipo de destino deseamos acceder al pulsar sobre el objeto de origen seleccionado. Para esto, desplegamos la lista **Vincular a** y elegimos la opción deseada. Las opciones del apartado **Destino** dependerán del tipo de destino seleccionado. Cuando el destino seleccionado es **URL**, disponemos de la opción **URL**, en la cual escribimos la dirección web a la cual deseamos acceder, por ejemplo: **www.redusers.com**. Cuando el destino seleccionado es **Archivo**, disponemos de la opción **Ruta**, en la cual debemos indicar la ubicación del archivo que queremos abrir,

ACCEDER A ORÍGENES DE HIPERVÍNCULOS

En ocasiones, acceder rápidamente al origen de un hipervínculo puede convertirse en una tarea compleja cuando el documento posee muchas páginas. Para solucionar este problema, InDesign permite ubicar rápidamente el objeto de origen de un hipervínculo si lo seleccionamos en el panel, desplegamos el menú lateral y elegimos **Ir a Origen**.

por ejemplo: **C:\Users\\Documents\Conceptos.docx**. A su vez, si elegimos como destino la opción **Correo electrónico**, cuando el usuario haga clic sobre el objeto de origen, se abrirá el programa predeterminado para correos que tenga instalado en su PC, por ejemplo: **Microsoft Outlook**. En el apartado **Destino** encontramos las opciones **Dirección** (donde debemos escribir la dirección que se autocompletará en el campo **Para**) y **Línea de asunto** (donde debemos ingresar el texto que se colocará de forma automática en el campo **Asunto** del mensaje). Cuando el destino seleccionado es **Página**, las opciones disponibles permiten elegir el documento al cual pertenece la página, el número de página de dicho documento y el tipo de zoom que mostrará.

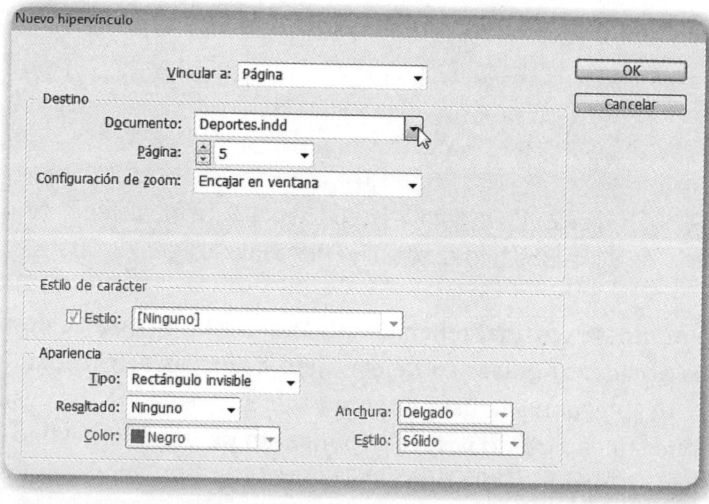

Figura 3. Es posible elegir una página del documento actual o explorar la PC para optar por un documento almacenado.

Independientemente del destino elegido, el apartado **Apariencia** permite configurar el aspecto del vínculo. De forma predeterminada, en la lista **Tipo** figura activada la opción **Rectángulo invisible**, lo que significa que los objetos de origen no se muestran enmarcados en el archivo interactivo. Sin embargo, si desplegamos dicha lista y elegimos **Rectángulo visible**, podemos elegir la forma en que se resaltará, el color, el grosor y el tipo de línea. Para visualizar la apariencia de los hipervínculos dentro del entorno de InDesign podemos ir al menú **Ver**, situarnos en **Extras** y elegir **Mostrar hipervínculos**. Así podremos observar cómo se mostrarán los hipervínculos al ser exportado el documento como archivo interactivo. Todos los vínculos creados se mostrarán en el panel **Hipervínculos**, de modo que podremos editar sus propiedades o romper el vínculo. Para editar las propiedades de un hipervínculo, hacemos doble clic sobre él; se abrirá el cuadro **Editar hipervínculo**. Si queremos quitarlo, lo seleccionamos y presionamos **Eliminar hipervínculos**.

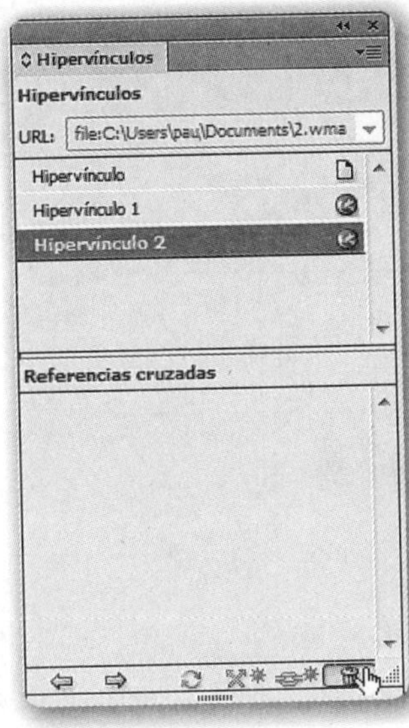

Figura 4. Al eliminar un hipervínculo, solo quitamos el vínculo entre el origen y el destino, pero no los objetos.

De forma predeterminada, InDesign asigna nombres a los hipervínculos, diferenciándolos con un número (**Hipervínculo 1**, **Hipervínculo 2**, etcétera). Sin embargo, cada usuario puede asignarle el nombre que desee con el objetivo de identificar fácilmente el hipervínculo creado. Para esto, debemos seleccionar el hipervínculo en el panel, desplegar el menú lateral y elegir la opción **Cambiar nombre de hipervínculo**. Se mostrará el cuadro **Cambiar nombre de hipervínculo**, donde debemos ingresar la denominación deseada y luego pulsar el botón **OK**.

Trabajar con botones

A través de la incorporación de botones que actúen como hipervínculos en un documento, podemos agregar mayor atractivo visual al archivo interactivo. Para trabajar con botones, tenemos que ver el panel correspondiente desplegando el menú **Ventana**, situándonos en **Interactivo** y eligiendo la opción **Botones y formulario**. Para crear botones personalizados, los dibujamos en el documento (por ejemplo, a través de las herramientas rectángulo o elipse y la inclusión de un texto), lo seleccionamos completamente utilizando la herramienta **Selección** y pulsamos el botón **Convertir a botón**. Una vez que convertimos un objeto en botón, se activan las diferentes opciones del panel que permiten indicar cuál será el comportamiento; tal como lo analizamos en la siguiente **Guía Visual**:

GV: PANEL BOTONES

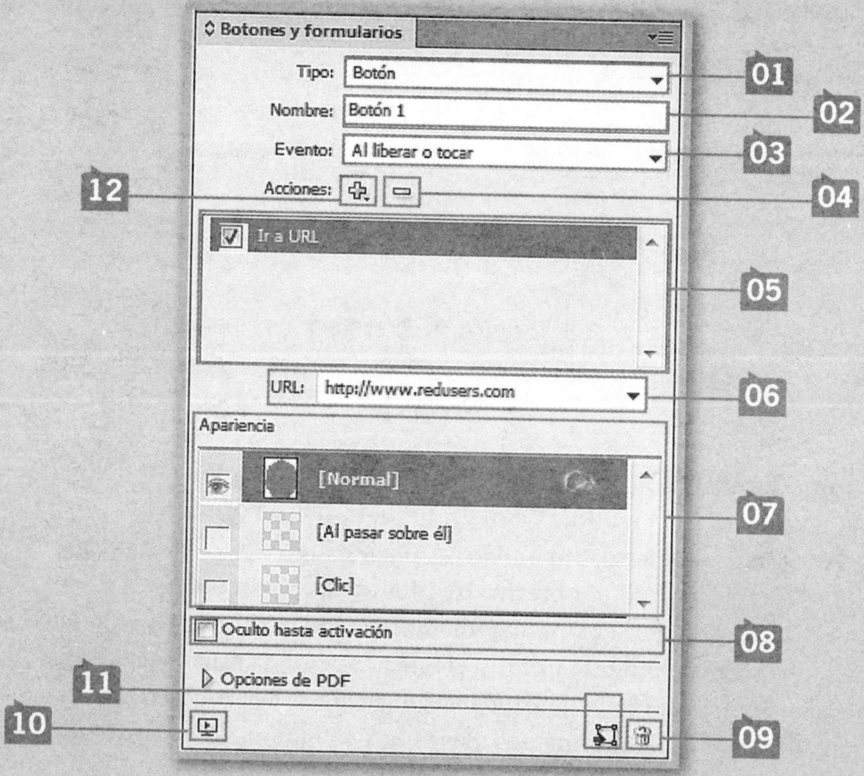

01 **Tipo:** desde esta lista elegimos si trabajaremos con botones o formularios.

02 **Nombre:** aquí podemos escribir el nombre que deseamos asignarle al botón.

03 **Evento:** en esta lista indicamos cuál es la acción que debe realizar el usuario para que el botón funcione como tal, por ejemplo, hacer un clic.

04 **Eliminar la acción seleccionada:** permite eliminar acciones añadidas al botón.

05 **Listado de acciones:** aquí se muestra la lista de acciones que tiene asignado un botón.

06 **Propiedades de acción:** dependiendo de la acción seleccionada, será posible editar sus propiedades o no.

07 **Apariencia:** permite aplicar cambios en el botón al pasar el mouse sobre él o al hacerle clic. Ambas alternativas son opcionales, ya que solo con el estado Normal se puede generar el botón.

08 **Oculto hasta activación:** permite ocultar el estado del botón en el archivo interactivo hasta que se lo indique a través de otro botón.

09 **Eliminar estado opcional:** permite borrar los estados creados para cuando se pasa el mouse sobre el botón o se le hace un clic.

10 **Previsualizar pliego:** abre el panel **Vista previa**, donde podemos probar los vínculos creados.

11 **Convertir en objeto:** convierte un botón en objeto, que pierde la posibilidad de tener acciones asociadas.

12 **Añadir acción:** Al hacer clic sobre este botón, se despliega la lista de acciones que se pueden realizar al presionar el botón.

Es importante tener en cuenta que un mismo botón puede tener asignada más de una acción; por ejemplo, acceder a una página del documento y reproducir un sonido. Para editar las propiedades de un botón, basta con seleccionarlo en el documento y modificar las opciones del panel. A su vez, InDesign posee una biblioteca de botones que los usuarios pueden utilizar modificando sus propiedades en el panel **Botones y formularios**. Para acceder a dicha paleta, desplegamos el menú del panel y elegimos **Botones y formularios de ejemplo**.

AL INCORPORAR BOTONES, LE DAMOS UN MAYOR ATRACTIVO VISUAL A NUESTRO DOCUMENTO

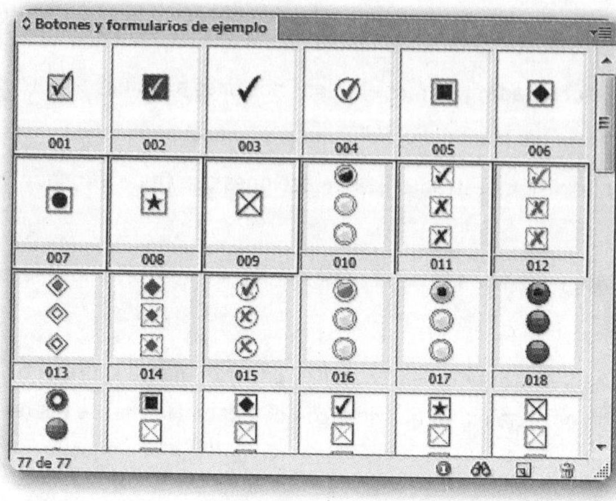

Figura 5. Para poder utilizar un botón, debemos arrastrarlo hacia el documento en el que trabajaremos.

Trabajar con videos

InDesign permite incorporar clips de películas, es decir, archivos que incluyan animaciones o videos en diferentes formatos (tales como **MP4**, **SWF**, **FLV**, etcétera), los cuales se reproducirán al crear el archivo interactivo. Para insertar un clip de película debemos desplegar el menú **Archivo**, elegir la opción **Colocar**, seleccionar el archivo deseado y luego indicar su posición en el documento. Al igual que con todos los objetos, podemos modificar su posición en el momento deseado a través de la herramienta **Selección**, así como modificar su tamaño dejando presionadas las teclas **CTRL + MAYÚS** mientras hacemos el clic sostenido para modificar el tamaño del marco contenedor.

Para editar la forma en que se comportará el video, debemos seleccionarlo y visualizar el panel **Multimedia**, accesible a través del menú **Ventana**, opción **Interactivo**.

A partir de la posibilidad de reproducir el video dentro del panel, es posible confirmar cómo se mostrará posteriormente, por ejemplo,

REPRODUCIR VIDEO DESDE UN PUNTO ESPECÍFICO

Los videos colocados en documentos que posteriormente se exportarán a formatos interactivos se reproducen desde el comienzo hasta el final. Sin embargo, es posible indicar un punto de navegación desde el cual inicie la reproducción. Para esto, pulsamos el botón **Añadir punto de navegación**, situado en el panel **Multimedia**.

al ser visualizado el documento en una página web. Mediante el control deslizante, podemos avanzar o retroceder manualmente el video, y, debajo de estos controles, encontramos la duración. Si activamos la casilla **Reproducir al cargar la página**, el video comenzará a reproducirse automáticamente al visualizar la página en la cual se encuentra. De lo contrario, necesitará que el usuario indique cuando desee reproducirlo. Si activamos la casilla **Bucle**, una vez que finalice el video, comenzará de nuevo infinitamente; de lo contrario, si la dejamos desactivada, se reproducirá una sola vez. En la lista **Póster** debemos elegir el tipo de imagen que se mostrará en el marco donde está ubicado el video. Sus opciones son: **Ninguno** (no se muestra ninguna imagen), **Estándar** (muestra una imagen representativa del tipo de archivo sin que ella tenga relación con el contenido del video), **De fotograma actual** (utiliza la imagen que se está visualizando actualmente en el panel de previsualización de este panel) o **Elegir imagen** (permite que el usuario elija una imagen almacenada como póster del video).

Figura 6. Al pulsar el botón **Play**, podremos visualizar el video dentro del panel.

Trabajar con sonidos

Otra posibilidad que ofrece InDesign para aumentar el atractivo de documentos interactivos es incluir archivos de sonido. Para esto, debemos utilizar la opción **Colocar** del menú **Archivo** y elegir cómo se comportará el archivo a través de las opciones del panel **Multimedia**.

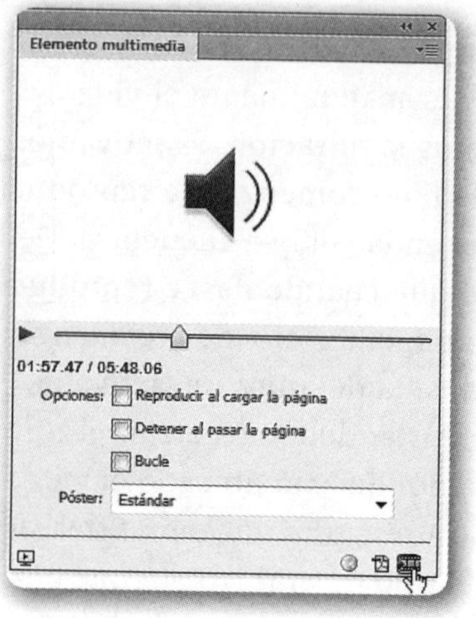

Figura 7. Al pulsar el botón **Colocar un archivo**, podemos insertar rápidamente archivos de video o sonido.

Al pulsar el botón **Play** escuchamos el sonido que hemos colocado en el documento y verificamos si es el deseado. También es posible adelantar o retroceder la reproducción a través del control deslizante. Si activamos la casilla **Detener al pasar la página**, el sonido dejará de escucharse cuando el usuario pase a otra página, sin importar si finalizó o no la totalidad de la reproducción. Esta opción, junto con **Bucle**, se encuentran disponibles solo para archivos de audio con extensión **MP3**.

Trabajar con animaciones

Mediante la posibilidad de aplicar animaciones, será posible animar objetos del documento de modo que, cuando sean reproducidos en archivos interactivos, se trasladen de un lugar otro, muestren transiciones, aparezcan desde un extremo de la página, etcétera. Para animar objetos, debemos seleccionarlos y utilizar el panel **Animación** a través del menú **Ventana**, opción **Interactivos**, que analizamos en la siguiente **Guía Visual**:

¿SWF O FLA PARA TRABAJAR EN FLASH ?

InDesign permite exportar un documento en los formatos **SWF** o **FLA**, entre otros. Sin embargo, si el contenido del documento debe ser modificado posteriormente en Adoble Flash Professional, hay que exportarlo como **FLA**, ya que, de lo contrario, no podrá ser editado. El formato **SWF** sólo admite visualización, no modificación.

GV: PANEL ANIMACIÓN

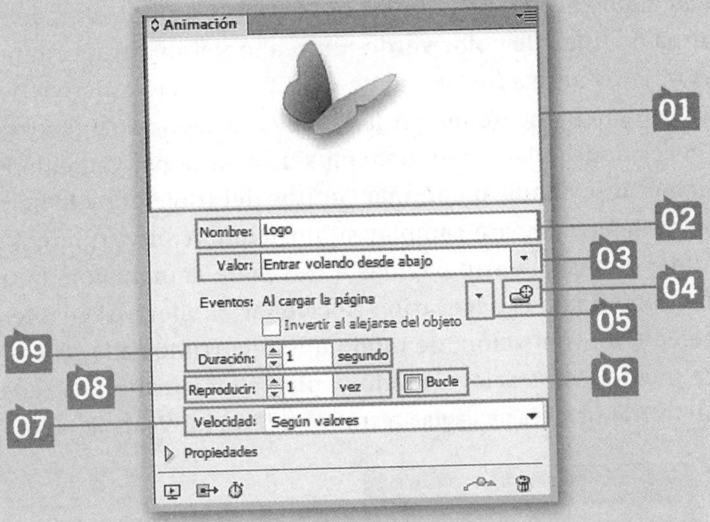

01 **Vista previa:** permite visualizar el efecto de la animación elegida.

02 **Nombre:** aquí podemos escribir el nombre que deseamos asignarle a la animación.

03 **Valor:** en esta lista debemos indicar cuál es la animación que queremos aplicarle al objeto seleccionado.

04 **Crear activador de botón:** permite elegir un botón para que, al hacer clic sobre él, se reproduzca la animación.

05 **Eventos:** aquí debemos elegir cuándo se reproducirá la animación.

06 **Bucle:** si activamos esta casilla, la animación se reproducirá infinitamente.

07 **Velocidad:** permite elegir si la animación se reproducirá a una velocidad constante o se incrementará o reducirá al finalizar.

08 **Reproducir:** aquí podemos indicar la cantidad de veces que se reproducirá la animación.

09 **Duración:** permite indicar manualmente cuántos segundos tardará la animación en completarse.

Cuando las animaciones suponen un desplazamiento del objeto, esto se determina a través del trayecto que deben seguir. Por ejemplo, si elegimos el tipo de animación **Rebotar**, veremos el trayecto en forma de línea de color verde junto al objeto. El trayecto que siguen los objetos animados se puede modificar con el objetivo de que cada usuario pueda personalizar la animación según sus gustos y necesidades. Para esto, debemos utilizar la herramienta **Pluma**, que permite añadir o eliminar puntos del trayecto; y la herramienta **Selección Directa**, para cambiar su posición. A su vez, también es posible animar el pasaje entre páginas a través de la inclusión de transiciones. Para comenzar, es necesario seleccionar el pliego al cual le aplicaremos el efecto de transición, de modo que recurrimos a la paleta **Páginas**. Una vez que tenemos seleccionado el pliego en cuestión, accedemos a la paleta **Transiciones de página** a través del menú **Ventana**, opción **Interactivo**.

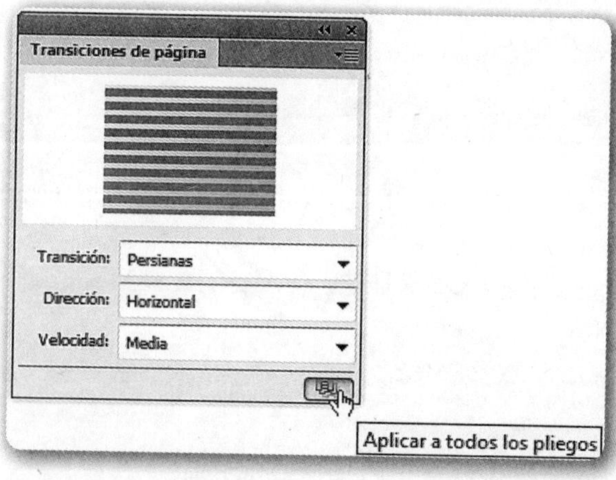

Figura 8. A través del botón **Aplicar a todos los pliegos**, aplicamos rápidamente la transición elegida a todos los pliegos del documento.

Transición: muestra la lista de transiciones que podemos aplicarle al pliego seleccionado. Al elegir una transición, podemos ver una previsualización del efecto si situamos el puntero del mouse sobre la vista previa del panel.

Dirección: las opciones de esta lista varían en función de la transición elegida y permiten indicar hacia dónde se realizará el efecto (derecha, izquierda, arriba, dentro, etcétera.).

Velocidad: desde esta lista elegimos si el efecto será a velocidad **lenta**, **media** o **rápida**.

Cuando un pliego posee una transición, se muestra un pequeño icono junto a él en el panel **Páginas**. Para quitar una transición, debemos mostrar el menú contextual de dicho icono y elegir la opción **Borrar transición de página**. A su vez, si queremos borrar todas las transiciones aplicadas, podemos desplegar el menú del panel **Transiciones de página** y elegir **Borrar todo**. Es importante tener en cuenta que no es posible aplicar diferentes transiciones en las páginas de un mismo pliego, ni tampoco aplicar este efecto en páginas maestras.

Previsualización de interactividades

InDesign permite obtener una previsualización del documento para que cada usuario pueda observar las interactividades existentes antes de crear el archivo interactivo. Para previsualizar el documento, debemos desplegar el menú **Ventana**, situarnos en **Interactivo** y elegir **Vista previa de SWF**. En el panel que se abre aparece cómo se vería el documento exportado en formato **SWF**.

Figura 9. Para previsualizar todo el documento, debemos activar el botón **Previsualizar documento**.

A su vez, también es posible tener una vista previa dentro del explorador web predeterminado en nuestra PC. Para lograrlo, desplegamos el menú del panel y elegimos la opción **Probar en explorador**.

Exportación para obtener archivos interactivos

En la sección anterior de este capítulo hemos aprendido a incorporar diferentes elementos interactivos en los documentos de InDesign. Sin embargo, para que estos puedan ser reproducidos en medios digitales o ser incluidos en páginas web, debemos exportarlos a formatos interactivos, tales como **PDF** (interactivo), **SWF** o **FLA**. A continuación, analizaremos las diferentes opciones de exportación para los formatos más utilizados. Recordemos que para **exportar** un documento o libro, debemos desplegar las opciones del menú **Archivo**, elegir **Exportar** y, en la lista **Tipo**, elegir el formato con el cual deseamos exportar el contenido. Luego de elegir las opciones deseadas, debemos pulsar el botón **OK** para finalizar el proceso.

PDF interactivo

Los archivos exportados con formato **PDF** (interactivo) permiten visualizar y aplicar todas las interactividades. Veremos las opciones disponibles al momento de exportar un documento en este formato.

GV: OPCIONES DEL PANEL EXPORTAR A PDF INTERACTIVO

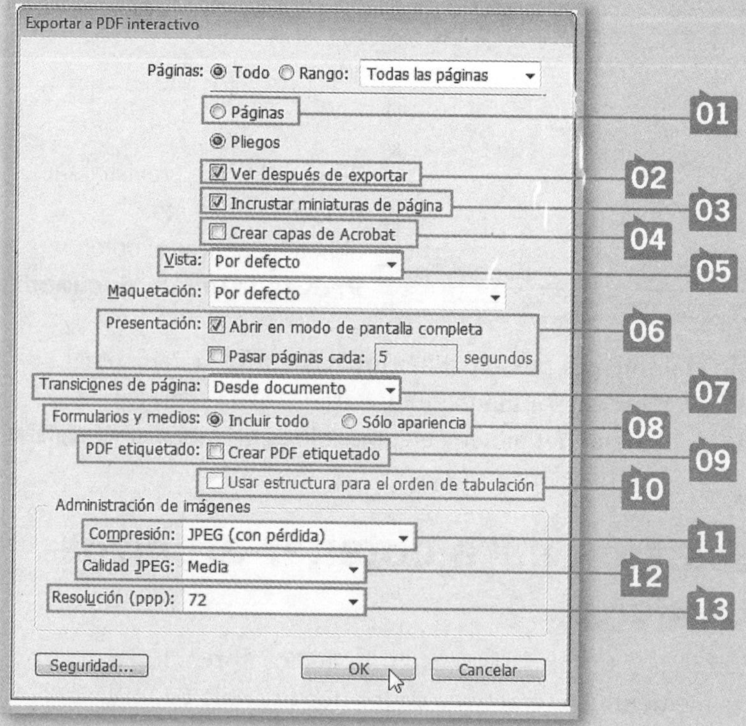

01 **Páginas:** marca la inclusión de todas las páginas del documento o de un rango de ellas. Si se selecciona **Rango**, se debe espeecificar un intervalo de páginas, por ejemplo **1-3**.

02 **Ver después de exportar:** al finalizar la exportación, se abrirá el documento en la aplicación de visualización de PDF predeterminada, por ejemplo, Adobe Reader o Acrobat.

03 **Incrustar miniaturas de páginas:** todo PDF puede o no tener una previsualización del contenido de cada página (miniaturas). Estas incrementan sensiblemente el tamaño del PDF.

04 **Crear capas de Acrobat:** guarda cada capa de InDesign como una capa de Acrobat dentro del archivo PDF.

05 **Vista:** forma en que se visualiza el PDF al abrirse por primera vez, por ejemplo: al **100%**, **encajar página**, etcétera.

06 **Presentación:** seleccione **Abrir en modo pantalla completa** para visualizar el PDF en Adobe Acrobat o Adobe Reader sin menús ni paneles abiertos.

07 **Transiciones de página:** puede especificar una transición de página para aplicarla a todas las páginas durante la exportación. En caso de haber colocado las transiciones desde el panel **Transiciones de página**, elija la opción **Desde documento**.

08 **Formularios y medios:** si seleccionamos **Incluir todo** las películas, los sonidos y los botones exportados al archivo PDF serán interactivos.

09 **Crear PDF etiquetado:** durante la exportación, etiqueta automáticamente los elementos del artículo en **XML** (lenguaje de marcas extensible que se utiliza para etiquetar PDFs accesibles, entre otras utilidades).

10 **Usar estructura para el orden de tabulación:** durante la exportación se utiliza el orden de tabulador especificado mediante **Objeto/Interactivo/Definir orden de tabulador**. Esta opción solo está disponible para archivos PDF etiquetados.

11 **Administración de imágenes:** en **Compresión**, seleccione **JPEG (con pérdida)** para comprimir el archivo o **JPEG 2000 (sin pérdida)** para exportar el archivo con compresión sin pérdida. La opción **Automática** permite que InDesign determine la mejor calidad para las imágenes en color y en escala de grises.

12 **En Calidad JPEG:** permite especificar la calidad de la imagen exportada.

13 **Resolución (ppp):** permite especificar la resolución de las imágenes de mapa de bits del archivo PDF exportado. Una resolución alta permite que, al aplicar el zoom (aumento de porcentaje visual), la imagen no se vea pixelada.

Archivos FLA

Otra posibilidad que ofrece InDesign es exportar un documento en formato **.FLA** para que pueda ser editado en Adobe Flash Professional.

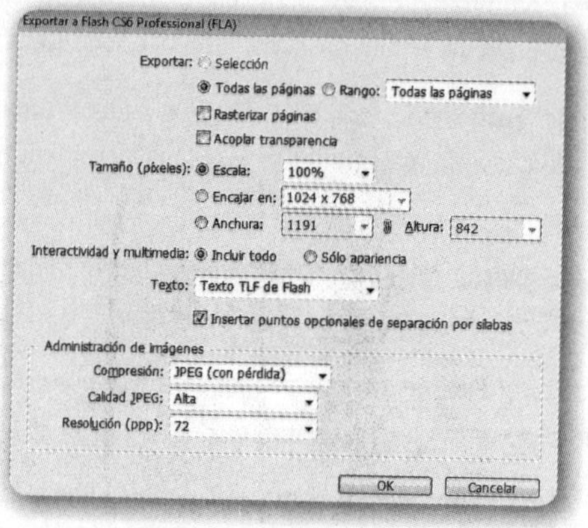

Figura 10. Los archivos exportados a **.FLA** podrán ser editados en Flash Professional CS6 o superior.

Rasterizar páginas: si activamos esta casilla, todos los elementos existentes en el documento se convertirán en **mapas de bits**, lo que aumentará el tamaño del archivo.

Acoplar transparencia: al activar esta casilla, todas las transparencias aplicadas a objetos se acoplarán a ellos.

Tamaño: aquí indicamos el tamaño que tendrá el archivo: si se escalará o reducirá su tamaño en porcentaje, si se encajará a tamaños predefinidos o si las dimensiones serán indicadas manualmente.

Archivos SWF

Exportar documentos de InDesign en formato **SWF** permite visualizarlos en páginas web o en el reproductor Adobe Flash Player.

Fondo: permite seleccionar el color de fondo de la película **SWF**.

Incluir doblez de página interactivo: si esta opción está activada, al visualizar el **SWF** se podrá avanzar a la próxima página arrastrando el extremo inferior de ella mediante un clic sostenido con el mouse.

Al ingresar en la pestaña **Avanzado**, podemos elegir:

Velocidad de fotogramas: la velocidad con la que se muestra cada fotograma que compone un efecto de animación determina la fluidez con la que se muestra en pantalla; no tiene que ver con el tiempo de duración de la misma. Valores altos generan animaciones más fluidas pero aumentan el tamaño del archivo.

Texto: permite elegir la forma en que se interpretarán los textos. Si optamos por **Texto clásico de Flash**, los usuarios podrán utilizar la función **Búsqueda** del reproductor para encontrar texto.

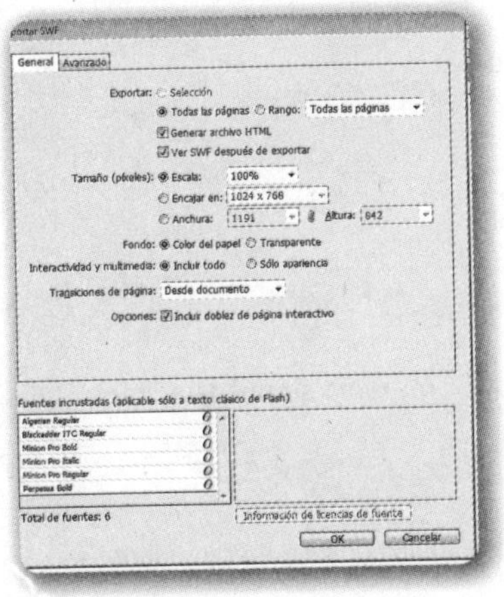

Figura 11. Al exportar en **SWF**, se creará un clip de película interactivo con el contenido del documento.

Archivos EPUB

El hecho de exportar un documento de InDesign en formato **EPUB** permite que el contenido pueda ser visualizado en medios digitales tales como smartphones o tablets.

Portada: permite rasterizar la primera página del documento con el objetivo de convertirla en la portada o tapa del libro. También es posible desplegar esta lista y elegir un archivo de imagen.

Estilo de TDC: permite elegir un estilo de tabla de contenido existente en el documento para aplicar en el índice del libro.

Viñetas y **Números**: aquí debemos especificar cómo se conservarán los párrafos, si numerados o con viñetas.

RESUMEN

En este capítulo hemos aprendido a crear y modificar los diferentes elementos interactivos que podemos incluir en los documentos de InDesign, para que, al ser exportados como archivos interactivos, se puedan reproducir en páginas web o medios digitales tales como teléfonos inteligentes y tablets. Para finalizar, hemos conocido las diferentes opciones de exportación para cada uno de los formatos más utilizados.

Actividades

TEST DE AUTOEVALUACIÓN

1 ¿Cómo se crea y edita un hipervínculo?

2 ¿Cómo se crean los botones?

3 ¿Cómo se pueden animar objetos?

4 ¿Cómo se aplican transiciones a los pliegos?

5 ¿Cómo se crea un archivo **FLA** y en qué programa se puede editar?

6 ¿Cuáles son las opciones de exportación para archivos **SWF**?

7 ¿Cómo se crean documentos para ser visualizados en medios digitales?

8 ¿Cómo se insertan videos y sonidos?

EJERCICIOS PRÁCTICOS

1 Inicie el programa Adobe InDesign CS6.

2 Abra un documento creado durante el curso y añada cuatro hipervínculos.

3 Utilice un botón de la biblioteca de botones predeterminado que, al ser presionado, abra una página web.

4 Inserte un archivo de video en una página del documento.

5 Aplique diferentes transiciones a los pliegos del documento.

6 Guarde los cambios.

7 Acceda a la previsualización del documento en un explorador web.

8 Exporte el documento al formato **SWF**.

*05

Preparación de documentos para múltiples pantallas

En este capítulo, veremos algunos conceptos básicos que resultarán de utilidad a la hora de emprender la maquetación de una publicación digital con InDesign. Este programa nos permite crear documentos y adaptar su formato de acuerdo a nuestra necesidad, ya sea para ser impreso o para ser visualizado en dispositivos móviles o lectores de e-books.

Ajustes en InDesign para documentos digitales

La versatilidad de InDesign a la hora de vincular archivos hace que sea una herramienta muy dúctil para tomar decisiones en cuanto al uso. Los diseñadores editoriales la utilizan asiduamente por esta característica, ya que es un programa muy eficaz al momento de interactuar con muchos archivos vinculados. Los proyectos editoriales lo poseen y, por ello, es necesario saber administrarlos bien y no perder tiempo en la búsqueda de los vínculos.

Si pensamos en la posibilidad del intercambio de archivos entre InDesign, con Photoshop e Illustrator, y la posibilidad de copiar y pegar cuando la situación lo amerita, hace que la operación del programa permita rapidez al momento de la toma de decisiones.

InDesign posee una propiedad, en relación a la tipografía, que tiene su origen en la interrelación de los programas del paquete de Adobe, y es que las tipografías, como en Illustrator, pueden convertirse en vectores. Habitualmente esta operación no se realiza en el texto de las páginas, pero muchas veces, al usar fuentes que requieren ajustes visuales porque su diseño no está bien resuelto, se convierte a curvas y se puede modificar lo que sea necesario.

Hay que tener en cuenta que no hay que convertir a curvas tipografías en tamaños muy pequeños (menos de 10 puntos) porque esto genera muchos nodos. Estos, cuando se procesan los archivos para generar un **.PDF**, producen mucha información, por lo que se pueden llegar a perder las líneas de texto.

En caso de que se deba convertir texto a curvas, un buen consejo es hacerlo en titulares, capitulares o texto que luego recortaremos, porque ocupará un espacio y un recurso retórico fuera del pliego impreso

¿DISEÑO EDITORIAL SIN PAPEL?

Luego de la revolución en la imprenta, con la invención de tipos móviles en el Siglo XV por Gutenberg, en el siglo XXI se masificó el uso de las herramientas digitales en relación a productos editoriales, sin tener necesidad de imprimirlos. El diseño editorial actual cambió el paradigma de la lectura y la visualidad.

o visible. Es mejor quitar la información que no se va a utilizar, así no está disponible cuando se procese el trabajo luego de ser diseñado.

Figura 1. Convertir a curvas algunos textos nos permite modificarlos con la misma versatilidad que en Illustrator.

Por último, la posibilidad de que un mismo archivo sea publicable tanto impreso como digital —sin perder, en su gran mayoría, las propiedades diseñadas— hace que sea posible reducir sustancialmente tiempos en relación al trabajo por diseño y diagramación, permitiendo que el flujo de trabajo tenga menos tiempos muertos y que aporte positivamente, en vez de generar atrasos.

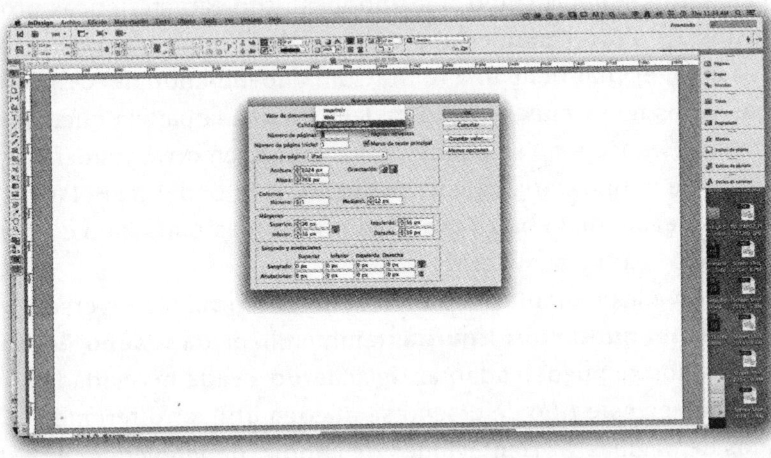

Figura2. La vista **Nuevo documento** muestra la opción de calidad **Publicación digital**.

Las unidades de medida utilizadas por estos nuevos documentos se muestran en pixeles, y los tamaños de página tienen ajustes preestablecidos (que se pueden cambiar). En caso de maquetar, por ejemplo, para iPad, iPhone, Kindle Fire, Nook y Android 10", el programa nos proporciona las medidas exactas.

Con respecto a los espacios de trabajo, existen opciones específicas para publicaciones digitales y **PDF** interactivos, pero no para **EPUB**. En este caso, la sugerencia es utilizar el espacio **Avanzado**, sobre todo porque aparecen de manera inmediata los **Estilos de párrafo** y **Estilos de carácter**.

No obstante, siempre podemos crear espacios de trabajo personalizados. Para esto, deberemos dirigirnos al menú **Ventana/Espacio de trabajo/Nuevo espacio de trabajo**; se abrirá un cuadro de diálogo al cual podremos colocarle un nombre, a la vez que deberemos optar por guardar las capturas de posición de los paneles o la personalización de los menús.

Maquetación líquida

El diseño de **páginas flotantes** es una propiedad de las últimas versiones de InDesign que permite que las páginas que diseñemos para ser impresas, también podamos visualizarlas en dispositivos móviles (tanto tabletas como smartphones), con características propias para estos. Esta propiedad es una variante de la realización de un archivo **.PDF**, el cual tiene una limitación: dependiendo del dispositivo, muchas veces no es muy sencillo de leer, ya que la página queda en un tamaño estanco y no se puede previsualizar en otro, y, además, el tamaño de la tipografía es muy pequeño. Para poder leer el archivo, hay que navegar con la barra espaciadora sobre la pantalla o correr el documento para visualizarlo todo.

En cuanto a las pantallas, también abundan formatos diversos. Gracias a la **maquetación líquida** (también llamada **diseño flotante**), los contenidos se pueden adaptar de acuerdo a cada necesidad, es decir que en este tipo de diseño se pueden utilizar diferentes tamaños de páginas y orientaciones de la hoja, dependiendo, en este caso, de la cantidad de información y del tipo de texto o imagen que componga la página.

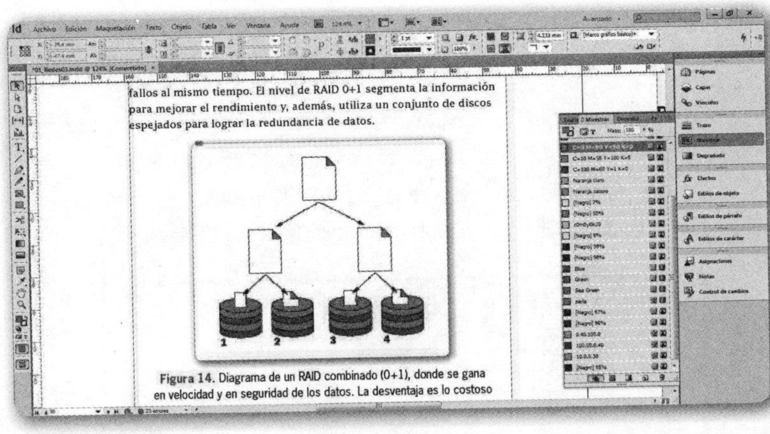

Figura 3. Esta es una variable de modificación de formato de página. Las páginas se configuran en píxeles y en RGB para ser visualizadas en estos formatos.

En los libros impresos debemos seguir ciertas pautas editoriales que en los dispositivos táctiles podemos romper: por ejemplo, el giro de la pantalla para visualizar una imagen horizontal más grande, o leer un recuadro en otra disposición diferente a la de los libros. Aquí no tenemos problemas a la hora de pensar la cantidad de páginas relacionadas con el rendimiento y aprovechamiento del papel, solo tenemos bitmap, que, en la actualidad, la mayoría de los dispositivos permiten su lectura fácilmente.

El trabajo de ajuste de este tipo de diseño de páginas se realiza a partir del ajuste de guías o reglas que lo que hacen es adaptar el tamaño de la página, centrarla o utilizarla como un elemento de contenido. Estas reglas nos permiten un diseño flexible, útil para varios tipos de página, orientaciones o proporciones.

En el siguiente **Paso a paso**, mostraremos de qué manera podemos realizar en InDesign una maqueta líquida, que se pueda ajustar a diferentes formatos:

REAJUSTE DE CONTENIDOS

Es normal que, al modificar el tamaño de la maqueta, los contenidos tengan que ser reajustados, pero debemos tener en consideración que diseñar para una publicación digital no obedece a las mismas reglas que el diseño de una publicación impresa.

PAP: CREAR UNA MAQUETA LÍQUIDA

01 En la vista `Archivo/Ajustar documento`, seleccione la opción de calidad `Imprimir` que presenta medidas establecidas y orientación vertical. Puede modificarlo según sus necesidades. En este caso presenta las siguientes medidas y especificaciones: Ancho: 15,24 cm; Altura: 19,05 cm. Páginas opuestas. Cantidad de páginas: 2.

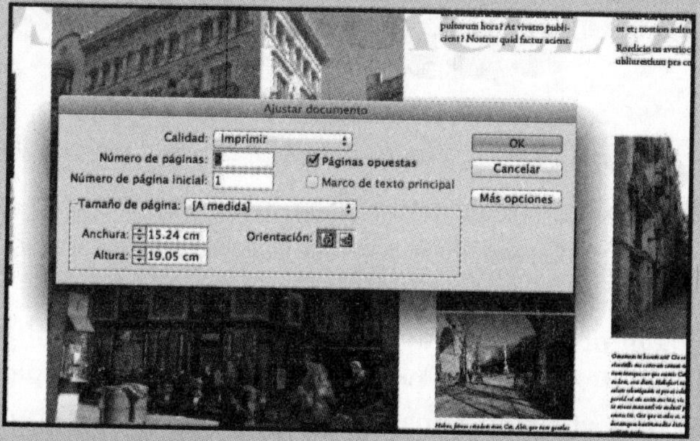

02 Vaya al menú `Maquetación/Diseño flotante`. En la barra de herramientas del programa se seleccionará, de manera automática, la herramienta `Página`. Compruebe que la página que estaba seleccionada en el momento de ejecutar el comando ha quedado activa, lo cual le permitirá determinar su tamaño.

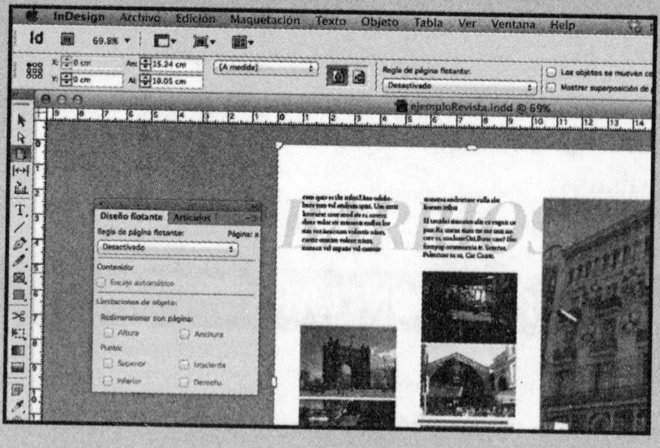

03 Desde el `Panel de Control`, seleccione el tamaño de página A3 y, en las opciones de la `Regla de página flotante`, elija `Escala`. Comprobará que la página se amplió, y sus contenidos se acomodaron a escala junto con el nuevo tamaño.

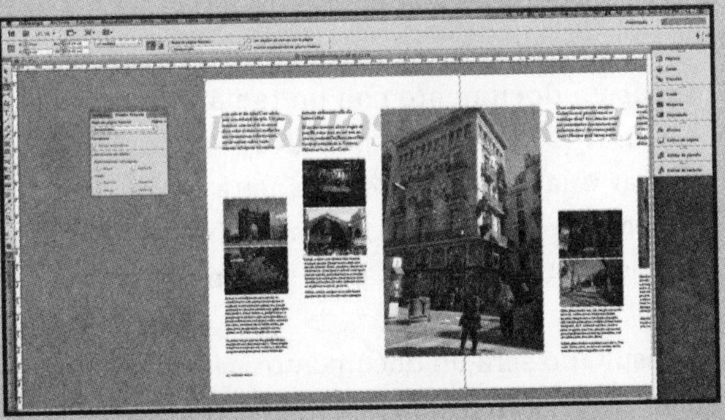

En el ejemplo que acabamos de ver, utilizamos la **Escala** como manera de reacomodar los contenidos, pero podríamos elegir otras opciones, como **Volver a centrar** (los contenidos), **Basado en objeto** y **Basado en guía**. En todo caso, siempre que modifiquemos el tamaño de la página, ya sea para ampliarla o para reducirla, tendremos que verificar que los contenidos se adapten —no solo en forma automática, sino también estética— a sus nuevas medidas.

Maquetas alternativas

Cuando ya podamos trabajar con diseños flotantes, podremos realizar **diseños alternativos** pensando en la disponibilidad de los dispositivos móviles y sus preferencias.

Para los diseños alternativos, podemos trabajar con aquellos que fueron creados para ser impresos. En este caso, los vamos a vincular en un tamaño de página diferente.

La diferencia entre un cambio de tamaño de página (y poder variarla mediante la maquetación líquida) y las maquetas alternativas radica en que con esta segunda opción podemos, en un mismo archivo, conservar varias maquetaciones de distintos tamaños, mientras que en el ejemplo anterior siempre modificábamos la misma maqueta.

En primer lugar, pensemos en una publicación que tiene que ser impresa. ¿Cuáles serían los requerimientos básicos para su diseño?

- Crear un documento con un tamaño específico.
- Generar los estilos de párrafos y de caracteres necesarios.
- Armar una paleta de colores para impresión.
- Preparar las imágenes a tamaño final y en alta resolución.
- Tener los textos listos para ser importados.

El resultado será un documento **.indd** (InDesign) que podremos convertir a **PDF/X** u otro **PDF** con parámetros específicos para luego enviarlo a imprimir. Ahora bien, tenemos el requerimiento de nuestro cliente, que nos solicita la misma publicación, pero, en este caso, para ser distribuida como **aplicación** (**app**) para iPad a través de la tienda virtual de Apple.

Una solución podría ser crear una maqueta nueva con las medidas correspondientes y, en el mejor de los casos, importar desde el primer documento de InDesign los estilos de texto. Sin embargo, existe una manera más sencilla de reutilizar los contenidos: crear una o varias maquetas alternativas sin salir del archivo ya diseñado.

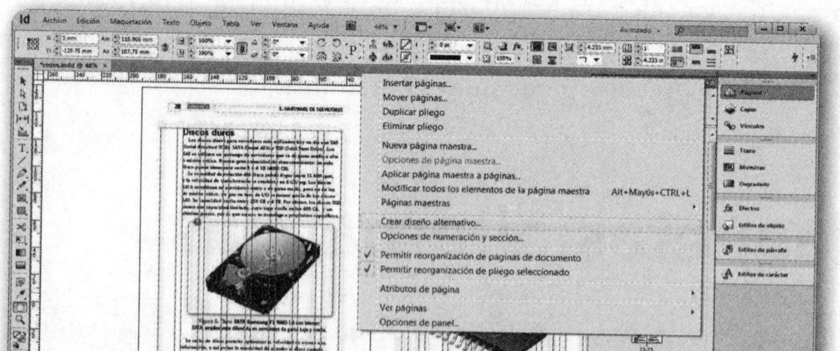

Figura 4. En este cuadro de diálogo que se encuentra en páginas maestras, seleccionamos **Crear diseño alternativo**.

Con el documento de origen abierto, debemos ir al menú **Maquetación/Crear diseño alternativo**. En la siguiente **Guía visual** veremos las opciones del panel para crear este tipo de diseños.

GV: CONFIGURACIÓN DE MAQUETA ALTERNATIVA

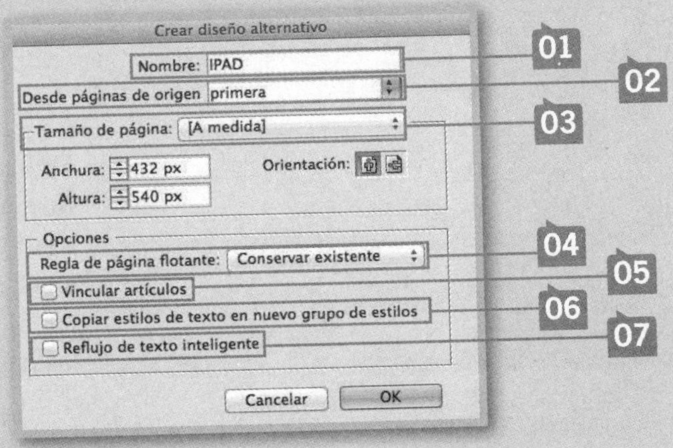

01 **Nombre:** en el ejemplo hemos colocado "IPAD".

02 **Desde páginas de origen:** allí deberá seleccionar la página sobre la cual se basará la nueva maqueta, para crear la alternativa.

03 **Tamaño de página:** asegúrese de que las unidades de medida estén en pixeles.

04 **Regla de página flotante:** puede dejarla desactivada, para acomodar los objetos en forma manual.

05 **Vincular artículos:** al activar esta opción, cualquier cambio en los textos que se produzca en una maqueta se actualizará en la alternativa.

06 **Copiar estilos de texto en nuevo grupo de estilos:** si marcamos la opción, podremos ajustar los estilos a los requerimientos que exija la maqueta alternativa, sin tocar los ya existentes.

07 **Reflujo de texto inteligente:** esta opción se encuentra asociada a las Preferencias del documento y permite agregar páginas en la medida en que la nueva maquetación las necesite, o quitarlas automáticamente si parte de los textos se suprime.

Marcos de texto principales

Al crear un nuevo documento en InDesign CS6, observaremos que, en lugar de que aparezca como opción **Marco de texto maestro**, encontraremos la opción **Marco de texto principal**.

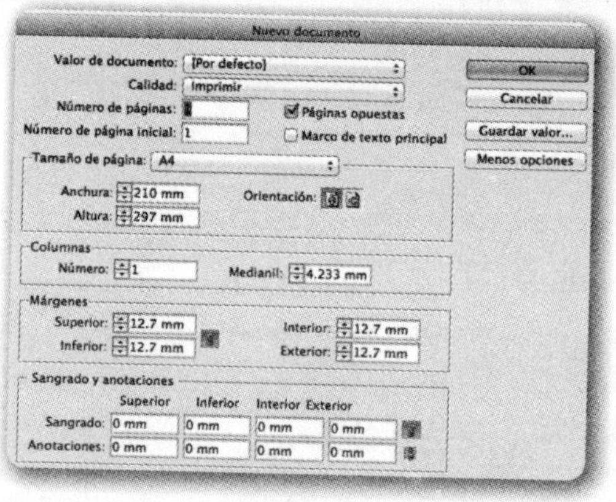

Figura 5. Vista del panel **Nuevo documento**, desde el cual podemos entre otras cosas dar el tamaño de las páginas y columnas.

Una de las diferencias radica en que, antes de la versión CS6 de InDesign, creábamos un marco de texto maestro que aparecía en las páginas maestras con el objeto de hacer fluir el texto importado a lo largo de todo el documento, enlazando automáticamente las páginas. Hasta importar dicho texto, solo podíamos editar el marco dentro de las páginas maestras. El marco de texto principal, en cambio, es editable desde su aparición en la primera página del documento.

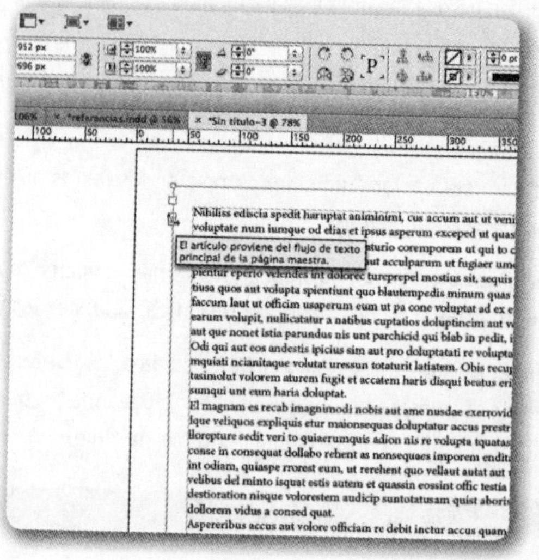

Figura 6. Vista de una página que contiene el nuevo icono de **Marco de texto principal**.

En versiones anteriores, podían convivir muchos marcos de texto dentro una misma página e incluso varios distribuidos entre varias páginas maestras. Esto dificultaba los cambios que podían producirse durante la edición de los textos.

El caso típico era tener un marco de texto maestro dentro de la página maestra A y otro marco de texto maestro dentro de la página maestra B. En el caso de necesitar sobrescribir la B reemplazándola por la A, el resultado eran dos marcos de texto superpuestos.

Afortunadamente, eso ya no ocurre, ya que solo puede haber un único marco de texto principal por página maestra y, en caso de aplicar el procedimiento descripto antes, el marco A reemplazaría al marco B.

PAP: CREAR UN MARCO DE TEXTO PRINCIPAL

01 Abra un nuevo documento para imprimir y marque la opción `Marco de texto principal`.

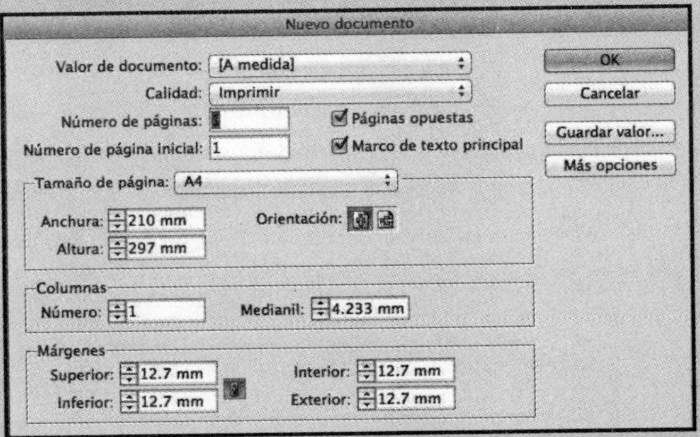

RESOLUCIÓN DE PANTALLAS TÁCTILES

Los dispositivos móviles, como tabletas o smartphones, poseen diferentes tipos de resoluciones de pantalla, dependiendo de su calidad. Por esta razón, conviene guardar estos archivos con una resolución mínima de 600 x 800 pixeles, para garantizar la buena legibilidad de lectura de nuestros proyectos.

02 Con el marco de texto de la página 1 seleccionado, vaya a `Texto/ Llenar con texto falso`. La página se completará con dicho texto.

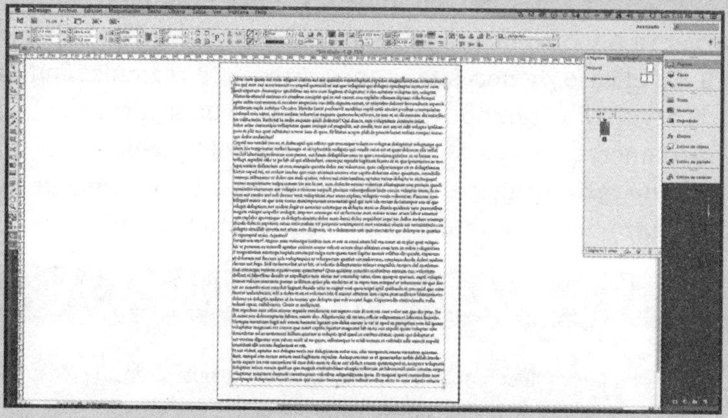

03 Vaya al panel `Páginas` y, desde la `Página maestra A`, reduzca el tamaño de los marcos tanto de la página par como de la impar. Notará que automáticamente el texto se reacomoda y agrega una nueva página al documento para seguir el flujo de texto.

04 Cree una nueva página maestra. Sobre el icono de la `Página maestra A` pulse el botón derecho y seleccione la opción `Crear nueva página maestra`. Aparecerá la `Página maestra B`. Inserte dentro de ambas (par e impar) sendos marcos de texto de diferentes tamaños a los creados en la `Página maestra A`.

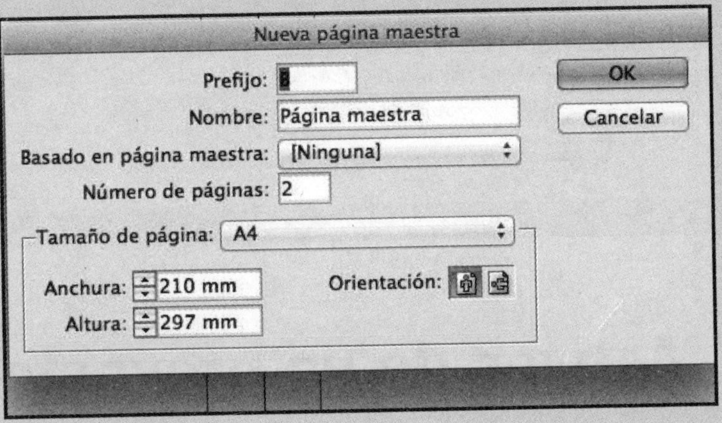

05 Haga clic en el icono ubicado a la izquierda del marco, que mostrará a partir de ese instante una pequeña flecha. Ese es el indicador del **marco de texto principal**.

06 Haga clic sobre el icono de la página 1, pulse el botón derecho y la opción `Aplicar página maestra a páginas` y seleccione la `Página maestra B`. Como resultado, el marco de texto de la página 1 habrá adoptado el formato y la ubicación del marco de texto principal de la `Página maestra B`.

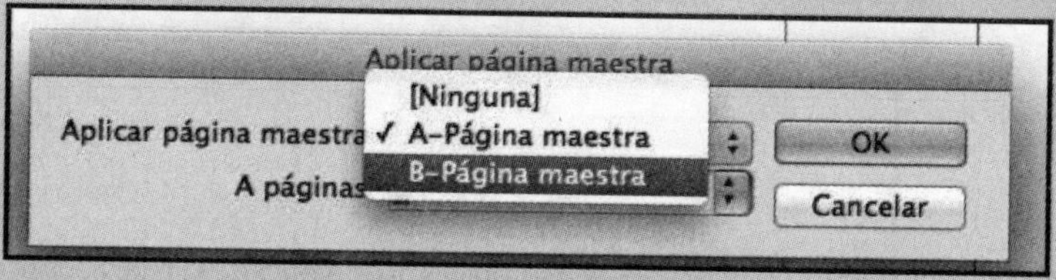

Activos de un proyecto

Una publicación digital puede tener como objetivo convertirse en un catálogo de productos, una revista interactiva, un formulario electrónico, un libro de texto corrido, un libro álbum y muchas otras variantes. Los **activos de un proyecto** son todos los elementos que intervendrán en su realización.

A diferencia del impreso, la publicación digital no tiene por qué tener un orden de lectura lineal. La combinación de textos, videos, animaciones, hipervínculos, imágenes con efectos, audio, y la incorporación de HTML como recurso agregado completan en muchos de los casos la escritura de un guion.

¿Por dónde comenzar?

El término **mockup**, en el ámbito del diseño, se utiliza para referirse a un modelo funcional y, en este caso, a una **maqueta funcional**.

Supongamos que un cliente solicita el diseño de un libro interactivo para celebrar el aniversario de una comunidad educativa. El diseñador se reunirá con la comisión institucional asignada a tal fin y tomará en consideración todos los contenidos que desean agregar. Habrá imágenes, videos, artículos de interés, reportajes, testimonios, ilustraciones hechas por los alumnos, música y más.

Será entonces el momento de comenzar a ordenar dichos contenidos y enmarcarlos dentro de un diseño **pantalla a pantalla**. Trabajar cada una de las pantallas con Photoshop y presentar una secuencia de estas en un PDF puede ser una alternativa aceptable.

En este caso, cada pantalla no solo contendrá los elementos gráficos y textuales, sino que además mostrará cómo se implementará la navegación en el documento y qué se espera del usuario al interactuar, por ejemplo, con un icono que indique que allí habrá sonido.

Nuestro primer activo, entonces, será la maqueta funcional cuando esté terminada y aprobada por el cliente.

Trabajar en equipo

El uso de espacios compartidos en la **nube** facilita el trabajo en equipo. Los activos de un proyecto necesitan, muchas veces, de profesionales especializados en cada rubro. Preparar buenos archivos, optimizados para cada medio, es garantía de resultados exitosos. A la vez, los tiempos de ejecución tienen que ser arbitrados por la dirección del proyecto, que muchas veces es compartida con alguien asignado por el cliente.

Vincular contenidos entre diferentes maquetas

Muchas veces nos encontramos con la necesidad de adaptar los contenidos de una maqueta a otra. En esos casos, es probable que ocupemos mucho tiempo buscando textos para copiarlos del documento de origen y pegarlos en el nuevo. Lo mismo puede sucedernos con las imágenes o los gráficos. Algunas de las novedades de InDesign CS6 son las herramientas **Recopilador de contenido** y **Colocador de contenido**.

Es importante recordar que InDesign es una aplicación pensada para que el diseñador utilice todos los recursos que el programa ofrece para conservar consistencia en los documentos. El aprovechamiento de los estilos de texto, objetos, tablas y muestras de colores es indispensable para ahorrar tiempo y esfuerzo. Las herramientas antes mencionadas nos permiten optimizar nuestro trabajo.

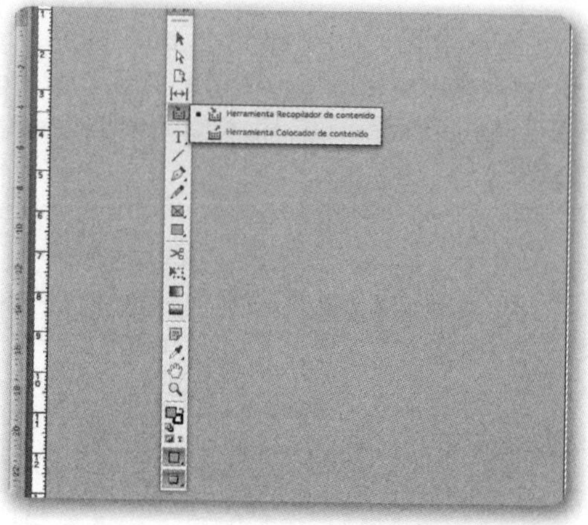

Figura 7. Vista de las herramientas **Recopilador de contenido** y **Colocador de contenido**.

PAP: RECOPILAR Y COMPARTIR CONTENIDOS ENTRE MAQUETAS

01 Abra un documento ya existente (que contenga textos, gráficos e imágenes), cree un nuevo archivo con calidad `Publicación digital` y seleccione la medida `IPAD`. Guarde el nuevo documento y mantenga ambos abiertos.

EL PANEL VÍNCULOS EN INDESIGN

Desde el menú **Archivo/Colocar** podemos insertar los activos en nuestro proyecto. El resultado puede verse en el panel **Vínculos**, el cual muestra la página donde están colocados todos los elementos. Muchos de ellos pueden editarse en los programas nativos, como Photoshop e Illustrator.

02 Con el documento de origen activo, seleccione del panel de herramientas el `Recopilador de contenido`. Aparecerá una ventana flotante llamada **Conversor** en la parte inferior de la pantalla. Haga clic en el icono `Recopilador todos los marcos enlazados` y luego en los elementos que desea compartir.

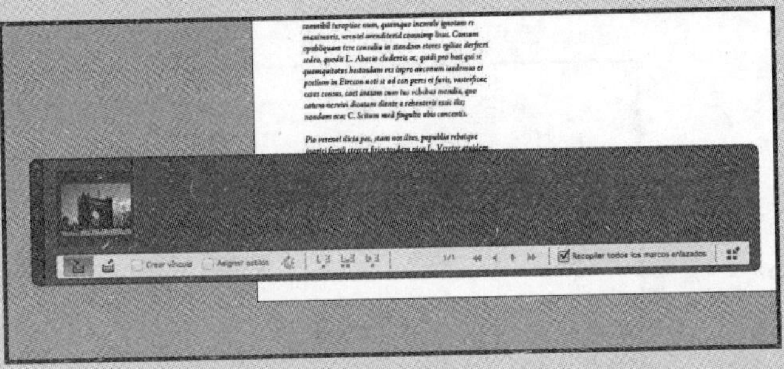

03 Active la ventana del nuevo documento. Comprobará que la ventana flotante del `Recopilador de contenido` sigue abierta. Haga clic en `Colocador de contenido` y active `Crear vínculo`. Luego posicione el cursor sobre la página y, cada vez que haga clic, transferirá los elementos recopilados en el mismo orden en que fueron seleccionados en el documento de origen.

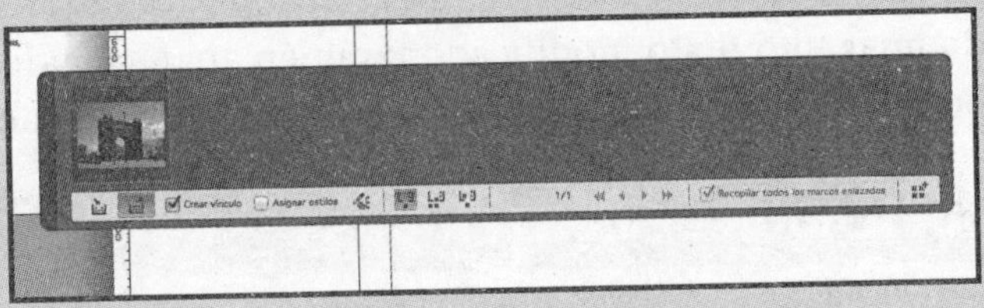

INSERTAR GRÁFICOS

Esta sencilla tarea puede llevarse a cabo desde el menú **Archivo/Colocar**: allí se seleccionan las imágenes y los gráficos. Debe recordarse que las imágenes en formatos nativos, como **.PSD** o **.AI**, siempre nos permitirán editar los archivos originales para realizar modificaciones.

▶

04 Al haber seleccionado `Crear vínculo`, todos los elementos que se modifiquen en el documento de origen se podrán actualizar en el de destino. Cambie el texto compartido en el documento de origen y luego abra el panel `Vínculos` en el nuevo. Finalmente, haga clic sobre el icono de advertencia junto al texto modificado para que este se actualice.

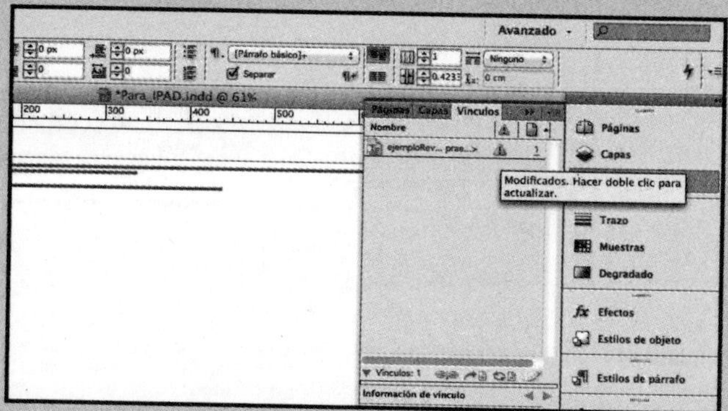

Para el caso de imágenes o gráficos, el procedimiento es el mismo. Observe, además, que en el margen superior izquierdo de cada marco de imagen o texto modificado también aparece el icono de advertencia, dando la señal de que esos elementos tienen que actualizarse.

GV: RECOPILADOR DE CONTENIDOS

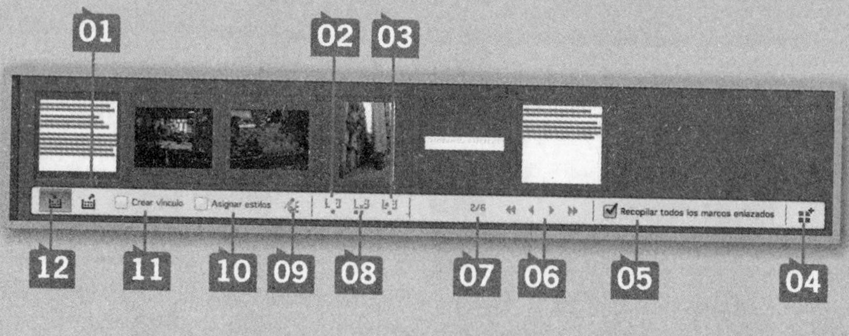

▶

01 **Colocador de contenido:** indica que en esa posición los elementos cargados podrán ser posicionados en el nuevo documento.

02 **Colocar, eliminar del Conversor y cargar el siguiente.**

03 **Colocar, conservar en el Conversor y cargar el siguiente.**

04 **Cargar Conversor:** permite seleccionar si se quiere cargar una selección, páginas determinadas o todas las páginas más los elementos existentes en la mesa de trabajo.

05 **Recopilar todos los marcos enlazados.**

06 **Indicadores para avanzar o retroceder.**

07 **Conteo de objetos.**

08 **Colocar varios y mantener en el Conversor.**

09 **Editar asignación de estilos personalizados:** se podrá seleccionar qué estilos podrán compartirse.

10 **Asignar estilos:** los estilos de un documento se compartirán con el otro.

11 **Crear vínculo:** si se activa, los contenidos se podrán actualizar.

12 **Recopilador de contenido:** indica que en esa posición los elementos de un documento se cargarán en el **Conversor**.

RESUMEN

En este capítulo, hemos desarrollado conceptos básicos a la hora de emprender un proyecto para realizar publicaciones digitales con InDesign. Las maquetaciones líquidas y la posibilidad de tener dentro de un mismo documento varios diseños de salida facilitan la tarea y permiten ahorrar recursos. Los marcos de texto principales posibilitan un flujo de texto consistente a lo largo de todo un documento.

Actividades

TEST DE AUTOEVALUACIÓN

1 ¿A qué nos referimos cuando hablamos de **maquetación líquida**?

2 Describa las limitaciones que presenta un documento en **.PDF**.

3 ¿Cuál es la diferencia entre un **marco de texto maestro** y uno **principal**?

4 ¿Qué es una **maqueta funcional**?

5 ¿Qué función tiene la herramienta **Recopilador de contenido**?

EJERCICIOS PRÁCTICOS

1 Inicie el programa Adobe InDesign CS6.

2 Cree una maqueta líquida a partir del ejercicio realizado en el **Capítulo 3**.

3 Modifique el tamaño de página a **A3** y reacomode todos los elementos.

*06

Publicación digital con DPS (Digital Publishing Suite)

Conoceremos las opciones que brinda la Suite para Publicaciones Digitales, un conjunto de herramientas y servicios online de Adobe. Veremos cómo convertir nuestras maquetaciones en formato FOLIO y crearemos, mediante ejercicios paso a paso, una publicación interactiva para dispositivos móviles.

Publicaciones digitales para dispositivos móviles

La **Suite para Publicaciones Digitales de Adobe**, también llamada **DPS**, permite crear desde un documento de InDesign hasta publicaciones para el iPad de Apple, el Kindle Fire de Amazon y otras tabletas Android. A partir de una o más maquetaciones a las cuales se les puede agregar interactividad, la DPS es la encargada de convertirlas en formato **FOLIO** para primero testearlas con **Adobe Content Viewer** y luego publicarlas en el mercado de aplicaciones para dispositivos móviles.

A diferencia del formato **EPUB**, que, una vez publicado, puede leerse en cualquier dispositivo (o incluso transformarse en **MOBI** y **KF8** para Kindle sin costo alguno), la DPS compila toda la maqueta, incluyendo la interactividad, y la convierte en una aplicación destinada a funcionar en un sistema operativo determinado (como iOS o Android). Esto significa que para cada sistema habrá que realizar una aplicación propia.

LA DPS NOS PERMITE CREAR DOCUMENTOS DESDE INDESIGN PARA DIFERENTES DISPOSITIVOS

En términos de costo, las herramientas básicas de la DPS en InDesign se incluyen con el programa, y no hay ningún arancel extra para crear y compartir proyectos de DPS con otros usuarios.

No obstante, al publicar, podemos hacerlo con costo adicional o sin él, dependiendo del tipo de licencia que –como miembros de Adobe– tengamos.

InDesign cuenta con un panel llamado **Folio Overlays**, a través del cual se gestiona la interactividad del documento: por ejemplo, hipervínculos, pasaje de diapositivas, audio, video, creación de vistas panorámicas de 360º, contenidos web, textos deslizables, etcétera.

Una vez finalizado el diseño, se creará un archivo denominado **FOLIO**, el cual se convertirá en aplicación mediante el panel **Folio Builder**, que transforma todos los contenidos en imágenes de fondo (ya sea en formato **PDF**, **JPEG** o **PNG**). Todos los elementos interactivos se pondrán en capas superiores (**overlays**), por encima de las imágenes de fondo.

Finalizado el proceso, los **folios** se subirán al servidor **https://digitalpublishing.acrobat.com**, donde se deberán seguir pasos para compartir la aplicación o publicarla en la tienda de preferencia.

Podemos decir que Digital Publishing Suite no es una aplicación, sino que está conformada por un conjunto de herramientas y servicios online a través de los que interactuamos con el sitio de Adobe.

Figura 1. En esta imagen podemos observar la vista del panel **Folio Builder** en InDesign.

Apreciaciones sobre el diseño

En el **Capítulo 5** hemos aprendido a preparar documentos para múltiples pantallas y, también, consideramos el empleo de maquetas líquidas para reutilizar los elementos contenidos en el diseño cuando estos deban adaptarse a distintos tamaños y orientaciones.

Sin embargo, no siempre es conveniente que aparezcan los mismos contenidos en la pantalla vertical y su correspondiente horizontal. Debemos analizar si, en todos los casos, es conveniente que haya una maquetación doble, ya que podemos determinar también que la aplicación no tenga rotación.

Cuando abrimos InDesign y decidimos crear un nuevo documento, observamos que en el sector **Calidad** podemos elegir entre **Imprimir**, **Web** o **Publicación digital**, es decir, el soporte sobre el cual vamos a trabajar. Cada soporte tiene sus características, ya que una página impresa por lo general tiene un determinado formato y disposición, mientras que un sitio web o una publicación digital para dispositivos móviles tendrán distintos formatos y disposiciones.

Cuando diseñamos para tablets, estamos diseñando una publicación digital. La característica primordial de lo digital, en comparación con lo impreso, es que permite incorporar contenido interactivo. Así, el usuario va a poder navegar por esa publicación de un modo fluido y no estático o lineal, como es el caso de una publicación impresa tradicional.

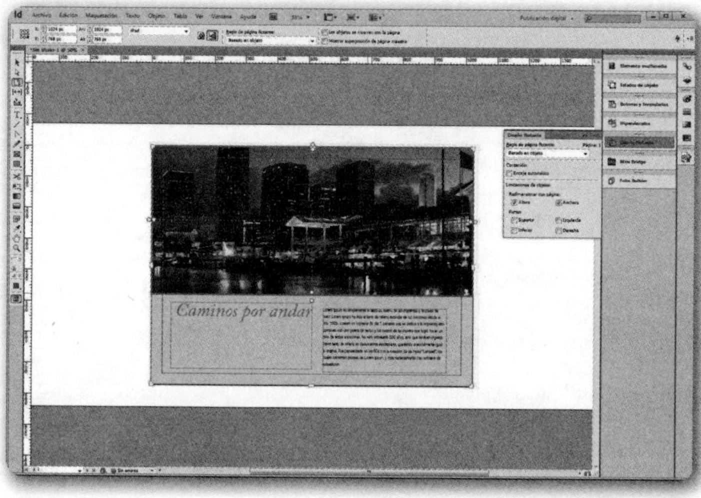

Figura 2. A cada uno de los elementos que forman la pantalla se le asignaron propiedades desde el panel **Diseño Flotante**. Con la herramienta **Página** se puede comprobar el resultado.

Otra característica que nos presenta el diseño para tablets u otros dispositivos móviles es que el diseño se debe adaptar a la pantalla, ya que, por ejemplo, en una tablet, podemos ver el contenido en modo horizontal o en modo vertical. Por esta razón, se debe contemplar el diseño y sus alteraciones según las distintas disposiciones.

InDesign contempla todo esto y, a partir de lo que se denomina **diseño flotante**, se pueden definir ciertas propiedades para que los elementos que componen la página se adapten a los distintos tamaños de pantalla, comportándose según se defina en el panel **Diseño Flotante**.

Para este tipo de trabajos para tablets, podremos aprovechar una nueva característica que nos ofrece InDesign en su versión CS6, la cual tiene que ver con la opción de **Creación de diseño alternativo** del panel **Páginas**, que nos permite visualizar un mismo documento en dos o más formatos de página, es decir que podremos ver, por ejemplo, la disposición vertical y apaisada de un mismo documento.

Figura 3. Al cliquear sobre **crear diseño alternativo** se puede elegir el nuevo formato de pantalla. Deben estar activadas las reglas de página flotante.

Las revistas, en general, son compendios de información variada, donde se recopila una gran cantidad de notas de distintos autores y temas diferentes, pero que coinciden en un estilo, ya que cada revista tiene su identidad y su tono discursivo, una manera de referirse a su lector modelo. En base a lo que se quiere comunicar, es decir, al ideal de la revista, se definirá el uso de las tipografías, colores, imágenes, entre otros elementos. La particularidad de una revista digital es que, para comunicar los ideales que la revista representa, nos podemos valer de las virtudes que ofrece el medio digital; por ejemplo, incorporar videos, botones, hipervínculos, entre otros, generando una experiencia de usuario que lo mantenga entretenido y expectante.

ORGANIZACIÓN DE ARCHIVOS

Una revista digital estará formada por muchos elementos que se incrustarán en el archivo: imágenes, videos, fuentes tipográficas, etcétera, que conviene tener en carpetas correctamente separadas, para facilitar la organización. Especialmente, si luego se trabajará el archivo con **Digital Publishing Suite**, donde el proyecto de revista para tablets aumentará su complejidad y profesionalismo.

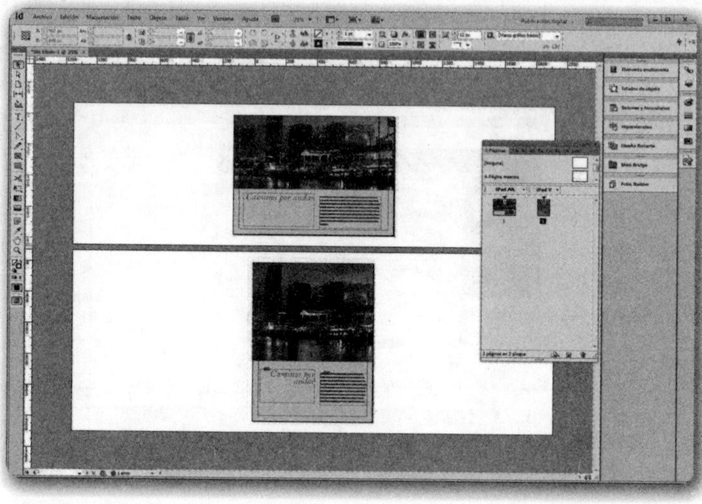

Figura 4. Una vez que se ha creado el diseño alternativo, se verá cómo repercute el diseño flotante sobre el nuevo formato; seguramente algún cambio manual habrá que realizar.

Todos estos elementos se deben utilizar, además, porque desde la pantalla es más fácil que el usuario se aburra y se entretenga con algo que llamó su atención en otra parte. De allí surge otro principio relevante a la hora de diseñar para tablets: el de que serán más importantes las imágenes que el texto. Es decir, en una revista impresa, posiblemente haya mucho más texto que en una digital. Esto ocurre porque cuando uno abre una revista impresa, aunque no lea todo el contenido, al menos no suele tener el estímulo de la inmediatez que suele generar internet y, por lo tanto, puede dedicarle más tiempo.

Para incorporar estos elementos interactivos en InDesign, nos valdremos de los paneles ofrecidos por el menú **Ventana/Interactivo**: **Botones y Formularios**, **Diseño Flotante**, **Estados de Objeto**, **Hipervínculos**, **Marcadores** y **Multimedia**.

Como ya se mencionó, el panel **Diseño flotante** permitirá crear contenido adaptable a los distintos formatos de dispositivos móviles. Podremos seleccionar los distintos objetos que formarán parte de nuestra pantalla y asignarles valores de comportamiento cuando esta cambia. Estos son: **Escala**, **Volver a centrar**, **Basado en Objeto**, **Basado en Guía**. Cada uno tendrá diversos parámetros de configuración, que alterarán de un modo u otro el comportamiento de ese objeto (el que se haya seleccionado), en el momento en que cambie el formato de pantalla.

El software no es perfecto y posiblemente se deban realizar cambios en forma automática para optimizar el resultado. Sin embargo, muchos menos de los que habría que realizar si no se utilizase esta potente función de InDesign. En relación a este panel, para comprobar el efecto que ha tenido sobre los objetos se deberá utilizar la herramienta **Página** del panel de herramientas (la tercera comenzando de arriba hacia abajo) y, con ella, agrandar o achicar la página (pantalla, en este caso).

Figura 5. Para crear una galería de imágenes se deben colocar muchas imágenes y desde el panel **Estados de Objeto** crear un estado para cada una.

Otra característica muy utilizada en revistas digitales es, por ejemplo, generar **sliders** de imágenes. Para ello nos serán útiles los paneles **Estados de Objeto** y **Botones**. En el primero generaremos diversos estados: por ejemplo, ubicaremos a todas las imágenes en la misma posición, una encima de la otra, y crearemos un estado para cada una. De este modo, cuando se cambie de estado se verá una imagen distinta. En el segundo (**Botones**), utilizaremos un botón que produzca el cambio entre estados, efectivizando el cambio de imágenes una vez que el usuario haga clic. Para ello, se seleccionará el objeto que se convertirá en botón y, desde el panel **Botones y Formularios**, se le asignará el evento **Al hacer clic** y la acción **Ir al estado siguiente**. Este es un ejemplo de una herramienta empleada frecuentemente en soportes digitales; sin embargo, cada lector le puede encontrar diversas utilidades.

Figura 6. Para colocar botones que, al ser cliqueados, cambien la imagen, se les debe asignar la acción `Ir a estado` y elegir la que corresponda (según los estados previamente definidos).

Desde el panel **Hipervínculos** se podrán seleccionar determinados sectores que conecten a la URL de algún sitio relacionado, explotando la característica del medio digital, donde la lectura se produce ya no linealmente (como en soportes estáticos) sino en múltiples direcciones.

Desde el panel **Marcadores** se podrá marcar cada comienzo de nota, lo cual generará un índice a través del cual, con solo un clic, se podrá acceder a cada una de ellas.

Finalmente, desde el panel **Multimedia** se podrán asignar propiedades a videos que se hayan colocado en el archivo (desde el menú **Archivo/Colocar**), como la asignación de diversos controladores o si queremos que se reproduzca apenas se carga la página, entre otras propiedades.

Ordenamiento y tamaño de las páginas

Tomemos el caso de una maqueta horizontal en InDesign donde aparecen varias páginas, unas debajo de otras. Al navegar el documento, apreciamos que entre ellas existe un espacio propio del salto de página.

Al convertir este documento a **FOLIO**, el espacio desaparecerá y todas las páginas pasarán a ser pantallas deslizables. Este grupo de pantallas formarán un **artículo**. Es recomendable que el usuario posea indicios claros para saber hacia dónde tiene que deslizar las pantallas.

Para comprobar el avance del diseño, desde la vista previa que posee el panel **Folio Overlays** se abre la ventana de **Adobe Content Viewer** y, deslizando la pantalla con el ratón, se obtiene una vista funcional preliminar.

En el momento de convertirse a **FOLIO**, un documento con maquetas alternativas (horizontal y vertical) contendrá ambas vistas y, por ende, la aplicación mostrará la maqueta que corresponda al rotarse 180º.

Con respecto al tamaño de las páginas, es conveniente tener establecidas medidas predeterminadas para mantener la consistencia en el diseño. En el siguiente **Paso a paso** veremos cómo crear los ajustes para una aplicación de iPad:

PAP: DOCUMENTO BASADO EN AJUSTES PREDETERMINADOS

01 Vaya a `Archivo/Nuevo documento` y seleccione: `Calidad: Publicación digital`, `Tamaño de página: iPad`, `Orientación: vertical`. Modifique los márgenes en 42 px y pulse el botón `Guardar valor`.

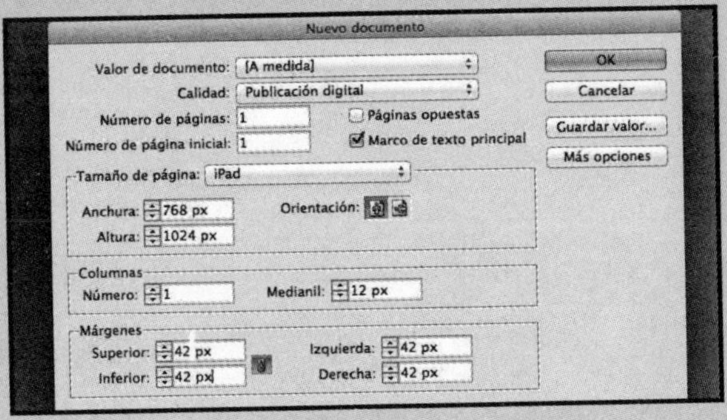

ESPACIO DE TRABAJO

Es conveniente preparar el espacio de trabajo denominado **Publicación digital**, ya que allí encontraremos los paneles necesarios para desarrollar nuestro diseño. Dentro de este espacio se encuentra el panel **Folio Overlays**, que permite manejar hipervínculos para tabletas y teléfonos inteligentes, configurar proyección de diapositivas, secuencias de imágenes, audio, video y vistas panorámicas.

02 En `Guardar valor como`, escriba **Ipad_v**. Luego inicie el proceso nuevamente para la versión horizontal.

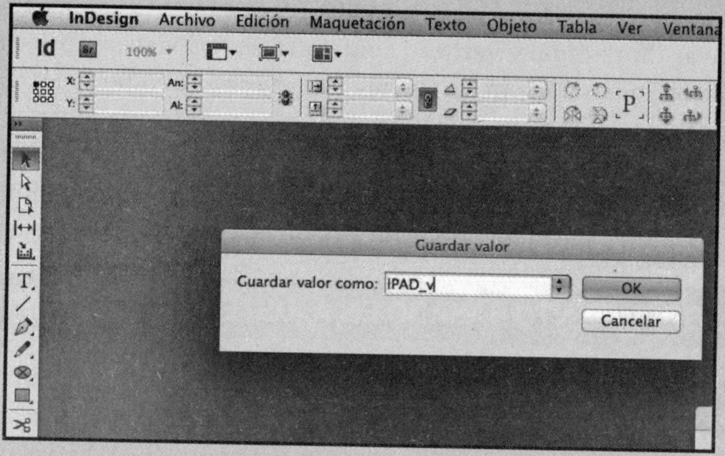

03 Cree un nuevo documento y, en `Valor de documento`, seleccione el que corresponda a la nueva maqueta.

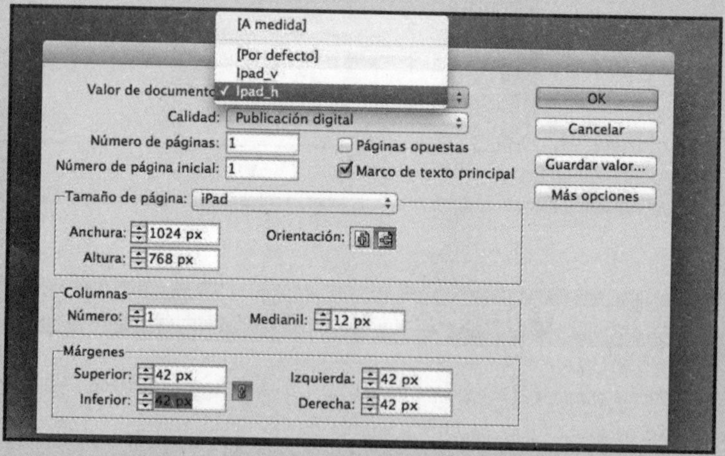

Panel Folio Overlays

El panel **Folio Overlays** comprende todas las funciones interactivas que pueden agregarse a una publicación con DPS.

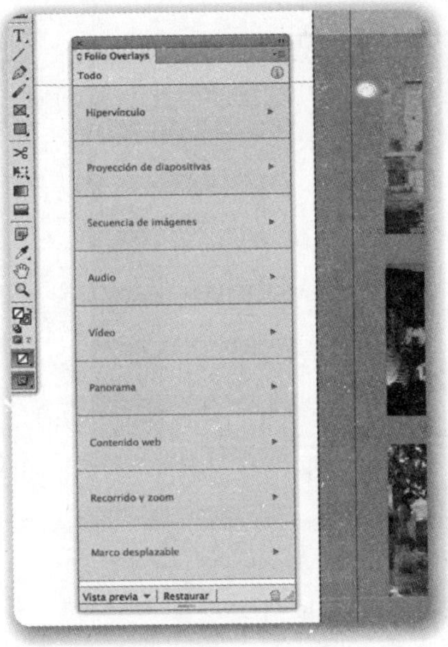

Figura 7. Vista de la ventana **Folio Overlays** desde donde podemos incluir la interactividad a nuestra publicación.

Hipervínculos

En el **Capítulo 4** hemos aprendido a crear hipervínculos a través de textos y botones. No obstante, en el caso de las publicaciones digitales, es posible vincular también artículos entre sí.

Supongamos que hemos creado dos documentos de InDesign. Al primero lo llamaremos A y, al segundo, B. Cuando ambos se incluyan en el **FOLIO**, se convertirán en artículos.

GALERÍA DPS

En la Galería de Digital Publishing (**http://dpsgallery.adobe.com/**) podrá visualizar varias publicaciones creadas con la DPS de Adobe. Encontrará diferentes ejemplos de interacción, animación, video y reproducción en 3D que pueden ser de utilidad al momento de pensar en el diseño de su publicación, sin perder de vista el tipo de público al que irá dirigida.

PAP: VINCULAR ARTÍCULOS ENTRE SÍ

01 En el documento A, seleccione un objeto gráfico y conviértalo a botón, tal como se explicó en el **Capítulo 4**.

02 Desde el panel `Botones y formularios`, agregue la acción `Ir a URL`. El código de navegación para vincular A con B será `navto://B`.

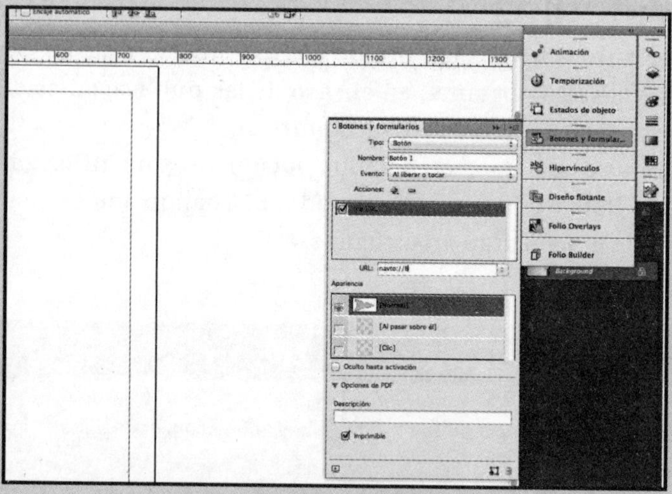

03 Vaya al panel `Folio Overlays` y, en `Hipervínculo`, marque la opción `Abrir en publicación`. De esta manera, el artículo B se cargará dentro de la aplicación. La opción `Abrir en navegador de dispositivo` buscará el navegador web y mostrará el documento B dentro de una ventana.

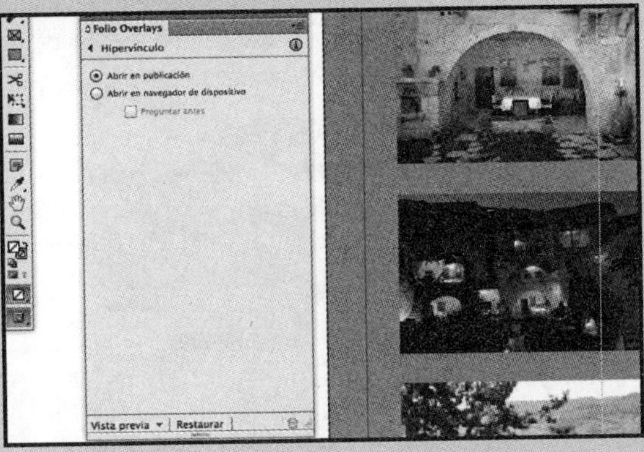

Proyección de diapositivas

Para realizar la proyección, seleccionaremos varias imágenes de igual tamaño.Para habilitar la opción **Proyección de diapositivas**, habrá que crear previamente un **Estado de objeto**.

PAP: ESTADOS DE OBJETO Y PROYECCIÓN DE DIAPOSITIVAS

01 Coloque en la página las imágenes de manera superpuesta y seleccione todas a la vez.

02 Vaya al panel `Estados de objeto` y cree un `Nuevo estado` desde el menú de opciones del panel. Luego asigne un nombre al objeto.

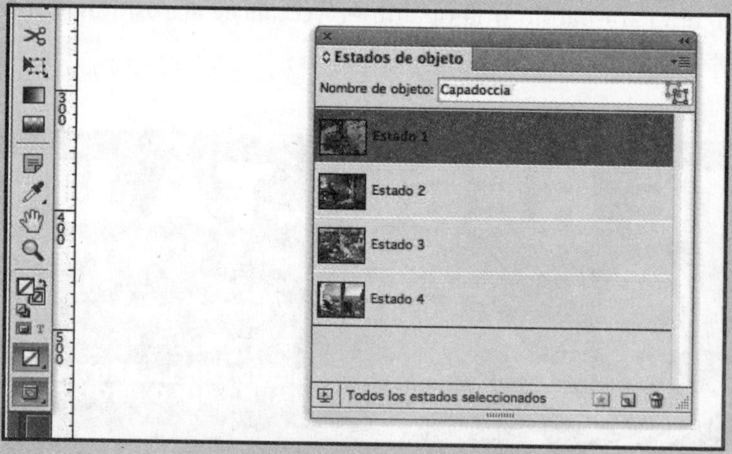

03 Con el objeto seleccionado vaya al panel `Folio Overlays` y en `Proyección de diapositivas` marque, por ejemplo, la opción `Reproducción automática`.

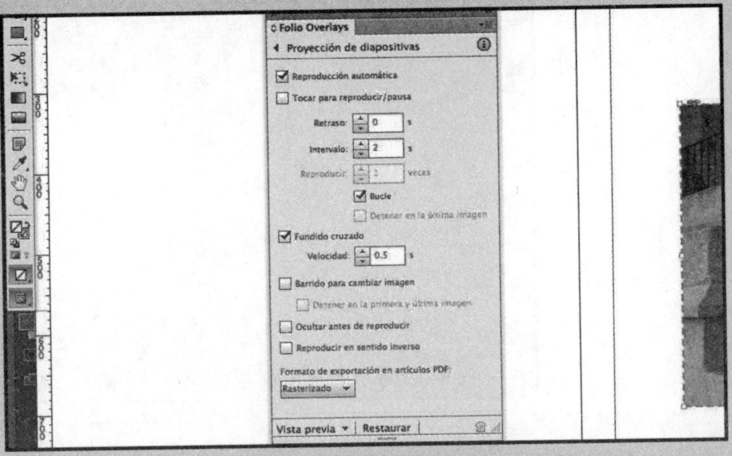

Secuencia de imágenes

Podríamos decir que una secuencia de imágenes no es más que una carpeta completa de imágenes nombradas de manera secuencial. Entonces, para comenzar con este trabajo, haremos una selección de varias imágenes de igual tamaño y las colocaremos en una carpeta. El orden de aparición en la secuencia dependerá del nombre que les hayamos asignado. Se recomiendo nombrarlas de la siguiente manera: **imagen_01**; **imagen_02**; etcétera.

SERVICIOS ONLINE DE ADOBE

El uso de **Digital Publishing Suite** permitirá almacenar nuestra publicación, producirla y comercializarla a través de la plataforma virtual que nos ofrece el sitio Adobe. Incluso se podrán realizar análisis o estudios que permitan evaluar la repercusión que ha tenido la publicación.

PAP: SECUENCIA DE IMÁGENES

01 Para activar la `Secuencia de imágenes`, trace un marco con la herramienta `rectángulo`.

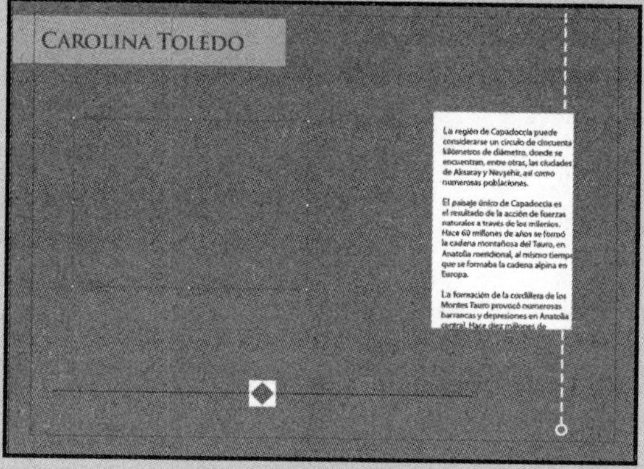

02 Vaya al panel `Folio Overlays` y, en `Secuencia de imágenes`, indique la ruta de acceso a la carpeta donde aparece `Cargar imágenes`. Luego marque las opciones de secuencia deseadas. Por ejemplo, deje activo el efecto `Barrido para cambiar imagen`.

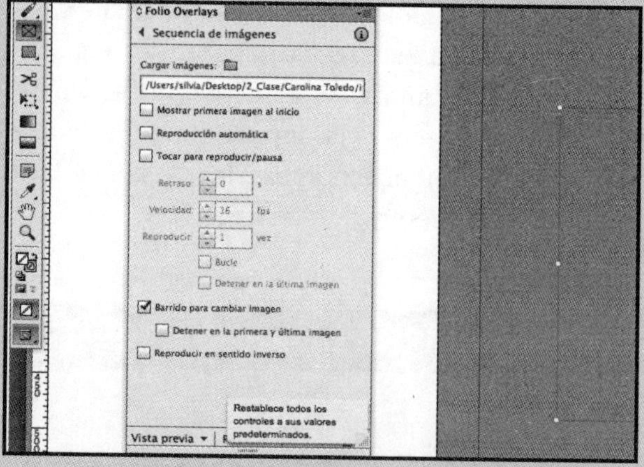

Audio

El formato adecuado para archivos de audio es **MP3**. Es conveniente preparar, dentro de una carpeta, los iconos para los controladores que se utilizarán para activar y detener el sonido. Estos serán archivos **PNG**, y tendrán nombres asignados con los sufijos **_play** y **pause**.

PAP: COLOCAR AUDIO

01 Diríjase a `Archivo/Colocar` y seleccione el archivo MP3. Ubíquelo dentro de la página.

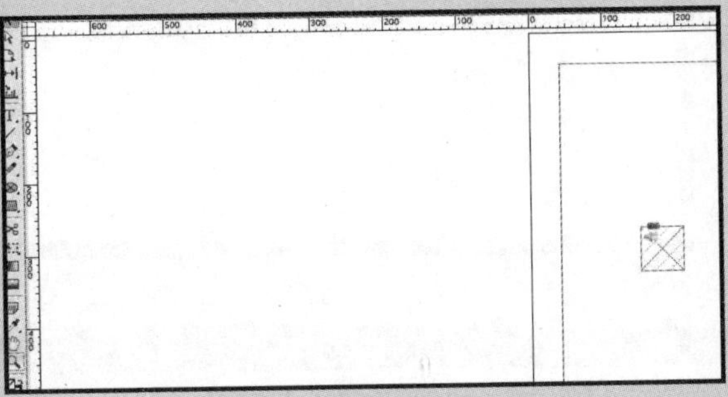

02 Vaya a `Folio Overlays` y, en `Audio`, haga clic en la carpeta `Archivos de controladores`.

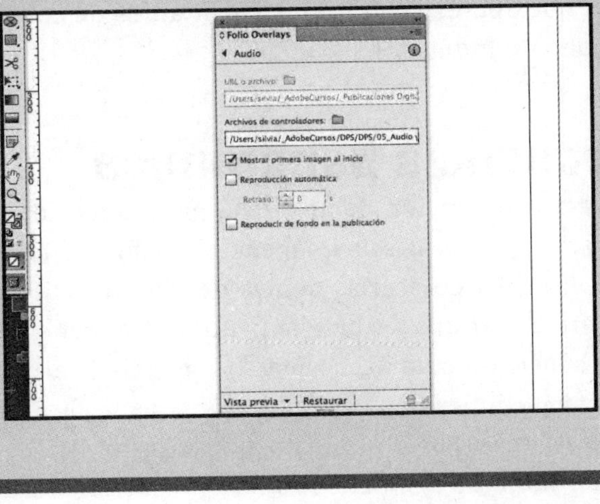

03 Localice la carpeta que contiene los documentos PNG y, desde el panel `Folio Overlays` en la `Vista previa`, compruebe el funcionamiento del sonido y de los controladores.

Video

El formato adecuado para archivos de video es **MP4**. Es conveniente adecuar el tamaño del video a la medida que tendrá en la página. Además, se puede colocar una imagen encima del contenedor de video para que aparezca en primer lugar antes de comenzar la reproducción, a modo de indicador.

Secuencia panorámica

Para la obtención de una vista panorámica con desplazamiento, debemos preparar seis imágenes, nombrarlas con sufijos que vayan del **_1** al **_6** y colocarlas dentro de una carpeta destinada a tal fin.

Para armar una secuencia panorámica, debemos trazar un marco con la herramienta **Rectángulo**. Luego vamos al panel **Folio Overlays** y, en **Panorama**, indicamos la ruta de acceso a la carpeta donde se encuentran las imágenes. Por último, ajustamos las opciones **Zoom inicial** y **Campo de visión**. También se puede limitar el recorrido vertical y horizontal.

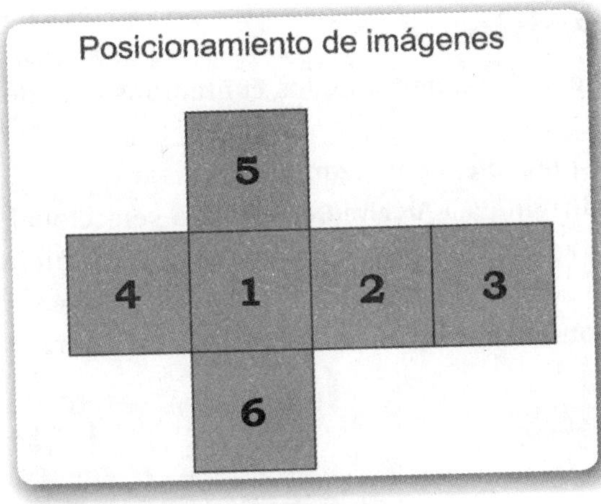

Figura 8. Observamos en la figura el esquema de posicionamiento de imágenes en una secuencia panorámica.

Contenido web

Dentro de una página de InDesign se puede colocar contenido web, tomando como origen una carpeta que contenga los archivos HTML y sus vínculos, o indicando en la URL la ruta hacia el sitio.

Para activar la opción **Contenido web**, debemos trazar un marco con la herramienta **Rectángulo**. Luego, vamos al panel **Folio Overlays** y, en **Contenido web**, indicamos la ruta de acceso a la carpeta donde se encuentran los archivos web, o directamente colocamos la dirección del sitio. Por último, ajustamos los parámetros que sean necesarios (por ejemplo, **Permitir interacción de los usuarios**).

Recorrido y zoom

Para poder recorrer una imagen y hacer zoom sobre ella es necesario colocarla dentro de un contenedor de menor tamaño. De esta forma, y con la imagen seleccionada, debemos ir al panel **Folio overlays/ Recorrido y zoom** para activar su funcionamiento.

BUENA PRÁCTICA

Es recomendable crear un archivo **.indd** para cada artículo. Conviene crear carpetas diferentes para contener cada uno de los artículos y nombrarlas de manera alfanumérica. Así, al importar los artículos en el **FOLIO** se ordenarán de manera automática.

Marco desplazable

Esta función habilita el desplazamiento de los contenidos a modo de barra deslizante.

Para crear un marco desplazable, comenzamos por crear un contenedor gráfico y nos dirigimos a **Archivo/Colocar** para seleccionar el texto o gráfico que se deslizará. Colocamos este texto o gráfico fuera del área del contenedor, lo seleccionamos y vamos a **Edición/Cortar**. Luego, seleccionamos el contenedor y vamos a **Edición/Pegar dentro**.

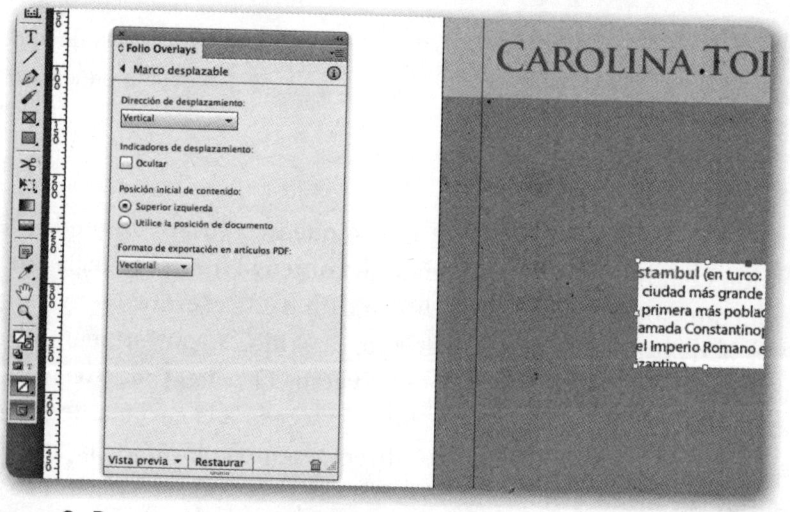

Figura 9. Desde el panel **Folio Overlays/Marco desplazable**, puede ajustar detalles de desplazamiento.

Panel Folio Builder

Para activar el panel **Folio Builder** se debe habilitar un **ID de Adobe** (código de identificación) e iniciar una sesión. En la parte inferior del panel, aparecerá la opción **Crear una nueva publicación**.

Una vez creado el **FOLIO**, se debe pulsar la flecha que aparece a la derecha del nombre. Se abrirá un nuevo panel, desde el cual se podrán agregar los denominados artículos, tanto del documento abierto en ese momento como de otros (alojados en otros documentos de InDesign). Cada artículo puede tener dos maquetaciones: una para la orientación vertical y otra para la horizontal.

Folio Producer

Desde el menú de opciones del panel **Folio Builder**, y con la publicación que deseamos convertir seleccionada, abriremos, mediante el **Folio Producer**, el sitio web **https://digitalpublishing.acrobat.com**.

Si el **FOLIO** fue creado en línea, lo veremos automáticamente en el sitio mencionado dentro de la solapa **Folio Producer**. Una vez allí, podremos compartirlo con otros usuarios, borrarlo, copiarlo o exportarlo.

Publicación

En caso de estar suscripto a **Creative Cloud**, es posible crear un número ilimitado de aplicaciones simples (**single edition**) sin costo, pero solo para iPad.

Si la idea es publicar un gran número de aplicaciones para iOS (sistema operativo que utiliza iPad) y para Android, será necesario contar con una suscripción de Adobe para **Edición Profesional** (**Professional Edition**). Esta suscripción se puede contratar mensual o anualmente para el uso de la plataforma, mientras que la bajada a los dispositivos tiene un costo adicional.

Existe, además, un sistema de contratación para **Empresas** (**Enterprise**), que permite publicar las aplicaciones de una manera más flexible. Recomendamos visitar el sitio de Adobe para analizar mejor estas opciones: **http://adobe.com/la/products/digital-publishing-suite-family.html**.

RESUMEN

A lo largo de este capítulo, hemos visto la creación de una publicación interactiva en formato **FOLIO**, de principio a fin. Utilizamos los paneles de InDesign específicos para este objetivo y conocimos las posibilidades que brinda la Suite para Publicaciones Digitales de Adobe a la hora de publicar el material.

Actividades

TEST DE AUTOEVALUACIÓN

1 ¿Cuál es la diferencia entre la **DPS** y el formato **EPUB**?

2 ¿Qué función cumple el panel **Folio Overlays**?

3 ¿Qué es un **FOLIO** y cómo se obtiene?

4 Describa las funciones interactivas que pueden agregarse desde el panel **Folio Overlays**.

5 ¿Qué ocurre con el tamaño de las páginas cuando el documento se convierte a **FOLIO**?

EJERCICIOS PRÁCTICOS

1 Inicie el programa Adobe InDesign CS6.

2 Abra el documento creado en el **Capítulo 4**.

3 Convierta el documento a **FOLIO**.

4 Cree los ajustes necesarios para una aplicación de iPad.

*07

Cómo crear publicaciones en formato EPUB

Sin duda, el formato EPUB es el estándar por excelencia de las publicaciones digitales. Allí donde se necesita texto corrido e imagen y predomina la necesidad de ampliar el tamaño de la fuente o incluso cambiarla, el EPUB puede dar una respuesta rápida y sencilla a editoriales, diseñadores y usuarios finales.

Tamaño del documento

Al crear un nuevo documento en InDesign, observamos que existen tres calidades: **Imprimir**, **Web** y **Publicación Digital**. No obstante, si seleccionamos **Publicación Digital**, comprobaremos que los tamaños que aparecen se refieren a medidas generales de las pantallas de dispositivos retroiluminados. En ningún lugar figura la opción "tamaño de **EPUB**". ¿Por qué? Básicamente, porque el formato EPUB es un compilado basado en XML, compuesto de tres estándares abiertos: **OPS** (*Open Publication Structure*), **OPF** (*Open Packaging Format*) y **OCF** (*Open Container Format*). Su extensión es **.epub**, pero, si se descomprime, contiene archivos **.html**, entre otros.

Por el momento, enfocaremos la atención en los **.html**. Se trata de documentos que no tienen tamaño, sino que contienen código, por lo cual no son mensurables. Al crear un EPUB en InDesign, estamos obligados a poner un tamaño determinado a las páginas a pesar de que luego, al exportar, solo veremos tamaño en los objetos gráficos que se hayan vinculado al archivo. En este sentido, será conveniente tomar el tamaño de **768 x 1024 px**, una medida que emula un tamaño de pantalla bastante frecuente en la actualidad.

Creación de estilos para EPUB

Los estilos de párrafos y de caracteres son de uso habitual al maquetar una publicación con fines de impresión. Sin embargo, muchas veces ocurre que el diseñador comete algunos errores, como trabajar con estilos sin nombre o no crear estilos de carácter.

Los paneles de estilos de párrafo y de carácter se encuentran en el menú **Ventana/Estilos/Estilos de párrafo** o **Ventana/Estilos/Estilos de carácter**.

Los estilos de párrafo contemplan, entre otros atributos, la fuente, el alineamiento del texto, los espacios anterior y posterior al párrafo donde se aplican, el idioma que se usará para la separación de las sílabas, etcétera. Los límites del párrafo son el salto de párrafo anterior al texto y el salto posterior a él (un **ENTER** antes y un **ENTER** después de cada párrafo).

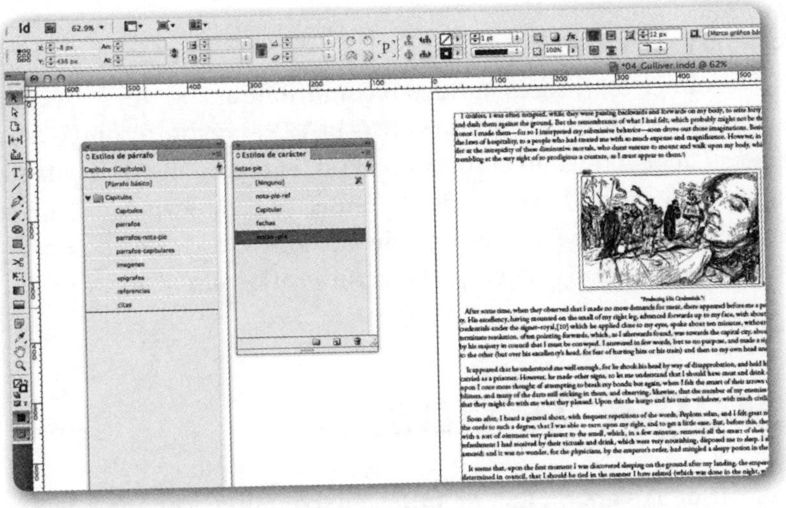

Figura 1. En la imagen podemos ver los paneles **Estilos de párrafo** y **Estilo de carácter**.

Dentro de las opciones del panel **Estilo de párrafo**, existe una denominada **Etiquetas de exportación.** Es recomendable aplicar la opción **Dividir documento (solo EPUB)** cada vez que necesitemos comenzar un nuevo capítulo o sección del libro, ya que InDesign creará **HTML** separados cuando la opción esté seleccionada.

Los estilos de carácter se utilizan para sobrescribir una parte del párrafo dándole al texto otras características. Por ejemplo, pueden ser utilizados para colocar una parte del párrafo en negrita, o para crear un subrayado parcial del párrafo.

Tanto en las maquetaciones para impresión como en las que tendrán salida digital, es una buena práctica crear estilos para párrafos y para caracteres, así organizamos mejor nuestro trabajo.

Texto en EPUB

Veamos a continuación algunas particularidades del formato **EPUB** en lo que se refiere al trabajo con textos y estilos de texto:

- No reconoce páginas maestra.
- Convierte varios saltos de párrafo en uno solo.
- Tampoco reconoce el espaciado que se crea a través de la barra espaciadora del teclado.

- No reconoce tabulados.
- No reconoce textos expandidos o comprimidos.
- Los saltos de línea forzados (**SHIFT+ENTER**) no son recomendados. Esto se debe a que, en el formato EPUB, el texto fluye y se adapta a la pantalla del dispositivo, por lo tanto, se producen cortes de texto en lugares no previstos; si a eso le sumamos los saltos de línea forzados, habrá más cortes y la lectura será complicada.

Agregar textos

A partir de la versión CS6 de InDesign, contamos con marcos de texto principal, de los que ya hemos hablado en el **Capítulo 2**. Esta nueva característica es sumamente beneficiosa a la hora de crear un EPUB, ya que nos permite tener un solo flujo de texto a lo largo de todo el documento.

PAP: COLOCAR TEXTOS

01 Con un nuevo documento creado y la opción `Marco de texto principal` seleccionada, vaya al menú `Archivo/Colocar`.

02 Deje habilitada la opción `Mostrar opciones de importación` en el cuadro de diálogo `Colocar`. De esta forma podrá elegir importar el texto con estilos de Word o reemplazarlos por los estilos previamente creados en InDesign.

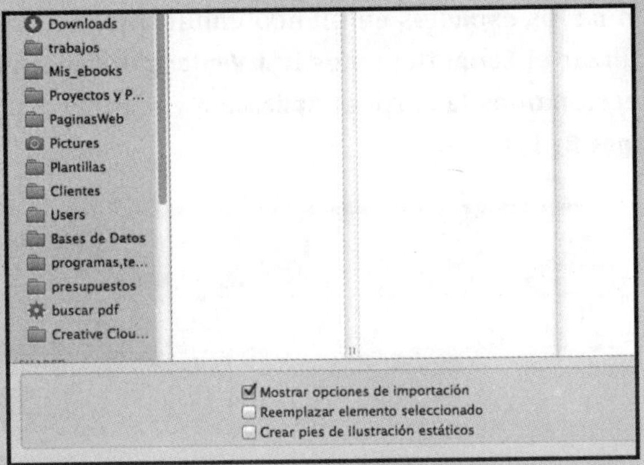

03 El flujo automático del texto hará que se creen las páginas necesarias para que quepa todo el texto.

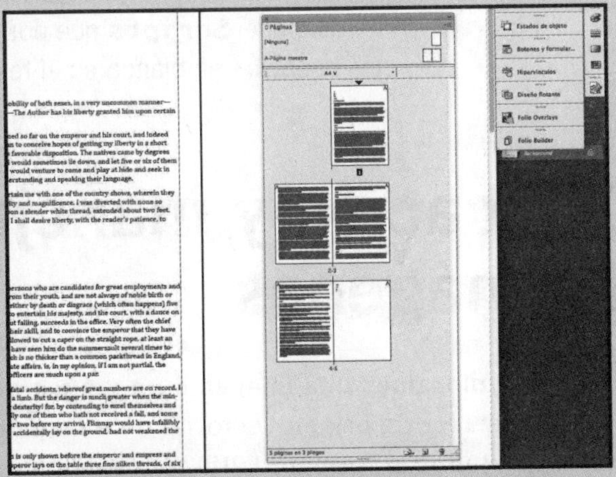

Luego de insertar el texto, es conveniente verificar si hace falta limpiarlo de errores frecuentes que cometen los usuarios de Word, por ejemplo, quitar espacios de más y recurrentes **ENTER**.

Una buena recomendación es utilizar el **Script** que viene con InDesign, denominado **Find Change By List**, el cual aplicado al texto elimina los espacios en blanco y múltiples retornos (**ENTER**). Para localizar el **Script** debemos ir a **Ventana/Utilidades/Scripts**. Una vez allí, seleccionamos la carpeta **Aplicación** y, dentro, **Samples/Javascript/ Find Change By List**.

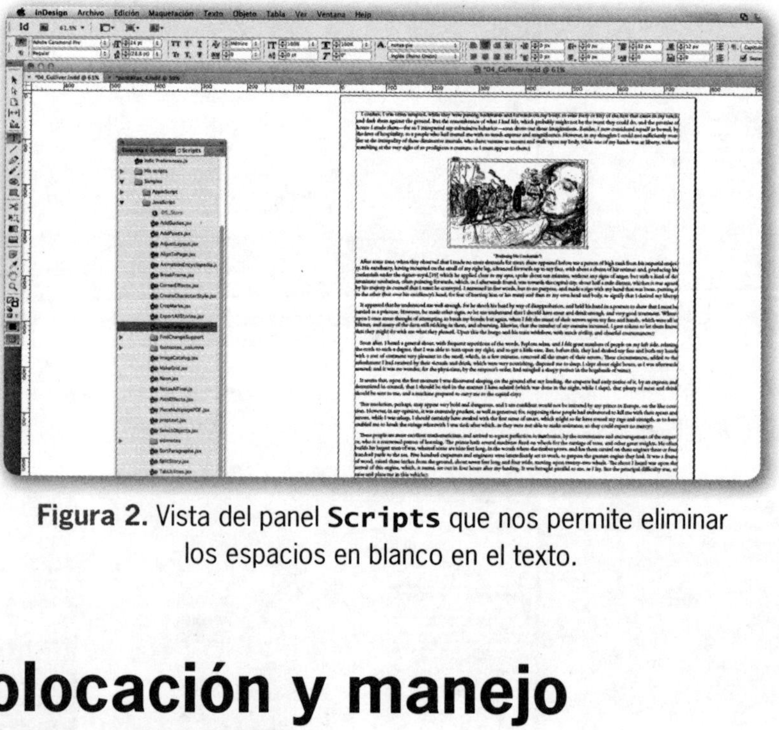

Figura 2. Vista del panel **Scripts** que nos permite eliminar los espacios en blanco en el texto.

Colocación y manejo de imágenes

Cuando colocamos una imagen o un gráfico dentro de InDesign, estos pueden ser de origen vectorial o de mapa de bits. Sin embargo, al ser exportados al formato EPUB todos deberán estar rasterizados. La rasterización consiste en convertir un formato vectorial a un conjunto de pixeles. Los gráficos o las imágenes que se pueden importar son: **TIFF**, **PDF**, **AI**, **PSD**, **JPG**, **PNG** y **GIF**.

Al utilizar un solo flujo de texto para todo el libro, las imágenes deberán estar ancladas al texto. **Anclar una imagen** significa colocarla, pero no como un objeto superpuesto al texto, sino como parte de él. Al hacerlo de esta manera, el EPUB guardará la misma ubicación de la imagen sin importar si el usuario, desde su dispositivo de lectura, ha ampliado o reducido el tamaño o el estilo de la tipografía.

PAP: COLOCAR IMÁGENES O GRÁFICOS ANCLADOS

01 Dentro del marco de texto principal del documento y con el cursor de texto seleccionando una ubicación, vaya a `Archivo/Colocar`.

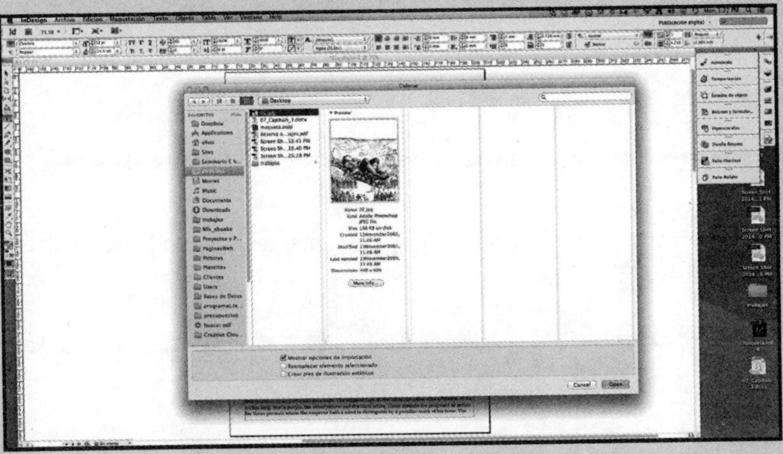

ADOBE DIGITAL EDITIONS

Antes de comenzar, recomendamos descargar la versión gratuita de **Adobe Digital Editions** desde el sitio **http://adobe.com/la/products/digital-editions.html**. Así, podremos testear en una aplicación de escritorio los libros electrónicos que creemos en formato EPUB.

02 Elija la imagen y comprobará que se inserta dentro del flujo de texto.

03 Aparecerá un símbolo de ancla sobre el margen superior derecho del marco que contiene la imagen.

04 Si desea soltarla del texto, puede seleccionar la imagen e ir a Edición/Cortar. Luego haga clic en la mesa de trabajo y vaya a Edición/Pegar. La imagen quedará liberada del texto.

Es importante que el tamaño de la imagen se adapte a las distintas pantallas de la amplia gama de dispositivos que existen en el mercado.

Por lo tanto, resulta conveniente importar imágenes cuyo tamaño en pixeles sea lo suficientemente flexible como para que la resolución efectiva no sea menor a 150 px. Además, las imágenes utilizadas para EPUB deben estar en el modo de color RGB.

Resolución real versus resolución efectiva

Al colocar una imagen en mapa de bits en InDesign, la **resolución real** corresponderá a la que tenía la imagen en origen, y la **resolución efectiva**, al tamaño que finalmente posea en el momento de exportarse. Un buen método de comprobación de resoluciones es ir al panel **Vínculos**. Podremos verificar qué sucede al modificar el tamaño de las imágenes con la que trabajaremos.

Exportar imágenes

Afortunadamente, InDesign brinda la opción de exportar las imágenes en tamaños relativos y absolutos, de manera tal que puedan adaptarse al tamaño y orientación de los dispositivos.

Dentro de las opciones de exportación de EPUB, es posible asignar un método general a todas las imágenes. No obstante, si deseamos otorgar a cada imagen una manera particular de exportarse, podemos hacerlo desde el menú **Objeto/Opciones de exportación de objetos**, solapa **EPUB** y **HTML**.

Imagen de tapa

Con respecto a la tapa, si bien podemos exportar la primera página del documento como la tapa del libro, es recomendable crearla en formato **JPG** por separado y vincularla al exportar el documento como EPUB. El ancho no debería ser inferior a 1400 px, y el modo de color debe ser RGB.

Trabajar con notas al pie

Cuando importamos un texto de Word podemos indicar, en las opciones de importación, que conserve las notas al pie. Toda nota al pie se compone de dos elementos: la referencia y la nota propiamente dicha.

La referencia es el número que normalmente aparece al lado del texto acerca del cual se hará la nota y, para indicarla, por lo general se utiliza un estilo de carácter de tipo superíndice. La nota es el texto que aparece al pie de cada página de InDesign, que sigue un orden correlativo a los números de las referencias.

BUENAS PRÁCTICAS

Asigne nombres a los estilos de texto y no deje espacios en blanco en caso de un nombre compuesto (por ejemplo: texto-normal). No utilice en los nombres de los estilos la letra Ñ o acentos, no utilice símbolos reservados y evite usar **()** y **/**. Además, siempre que se trabaje con textos en InDesign, es importante hacer visibles los caracteres de texto ocultos (**Texto/Mostrar caracteres ocultos**).

Es imprescindible que las notas posean su propio estilo de párrafo. Para asignarles estilos, debemos ir a **Menú/Texto/Opciones de nota al pie de página de documento**.

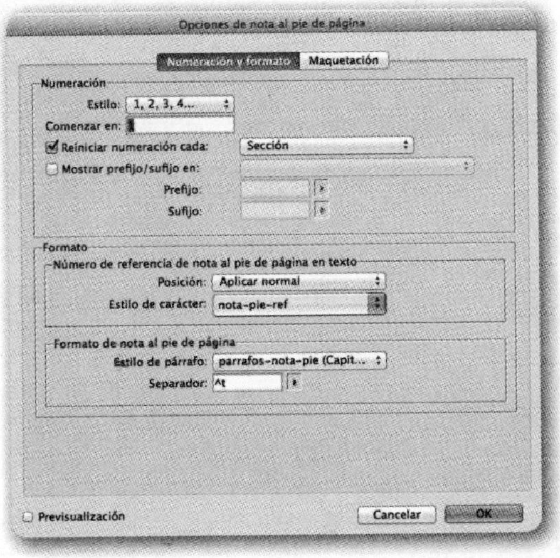

Figura 3. Vista del panel **Opciones de nota al pie de página** desde el cual podremos darle el estilo a las notas al pie.

Al exportar las notas al pie en un EPUB, se puede seleccionar que se las ubique al finalizar el párrafo que las contiene; de lo contrario, se ubicarán por defecto al final de cada capítulo.

Sumario

El EPUB está basado en código XML y HTML, por lo cual no existe manera de indicar una numeración de páginas, ya que estas dependerán del tamaño de la tipografía que elija el usuario. Por ejemplo, si el EPUB aparece con 200 páginas y el usuario decide aumentar el tamaño de la letra, es posible que el mismo libro, en lugar de tener 200 páginas, tenga 500. Por el contrario, si el lector decide reducir la medida de la fuente, tal vez el libro comprenda 50 páginas.

Entonces, ¿cómo crear una tabla de contenido o sumario fijo? El programa exporta solo el estilo de la tabla de contenido y no la tabla; es el lector del dispositivo el encargado de analizar cuántas páginas tiene el libro en cada momento y, a la vez, vincular los capítulos con los contenidos mediante el sistema de hipervínculos.

PAP: CREAR UN ESTILO DE TABLA DE CONTENIDO

01 Con los estilos aplicados a los párrafos que actuarán como capítulos (aquellos a los cuales se les dio la propiedad de `Dividir documento`), vaya al menú `Maquetación/Estilos de Tabla de contenido.`

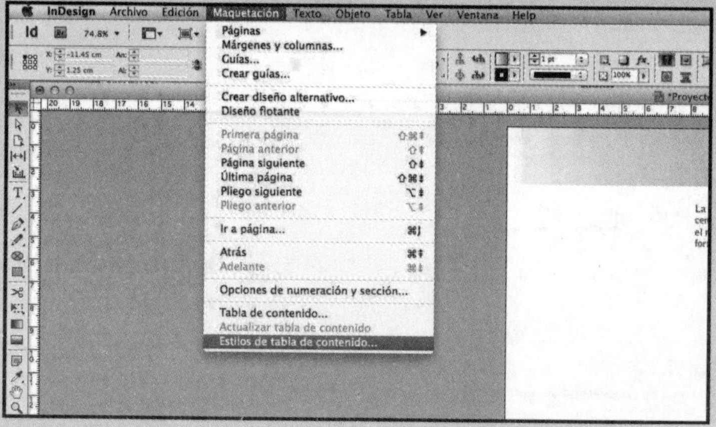

02 Pulse el botón `Crear`. Aparece el cuadro de diálogo `Nuevo estilo de TDC`. En el campo de texto `Estilo de TDC` escriba EPUB (nombre sugerido).

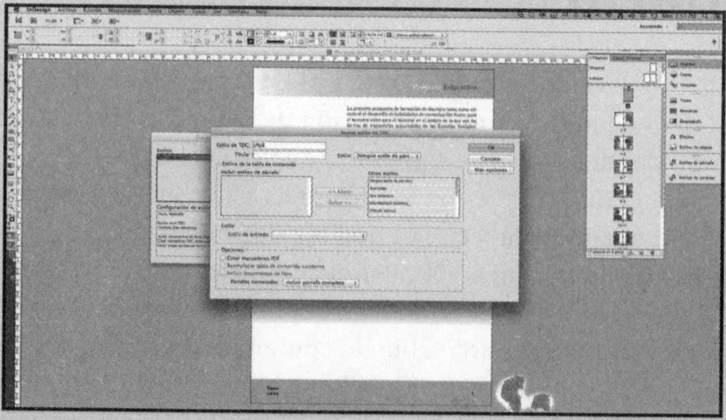

03 Desde el panel de la derecha `Otros estilos` seleccione de la lista el estilo al cual le dio la propiedad de dividir el documento; en este caso se llamará `Capitulo` (sin acento).

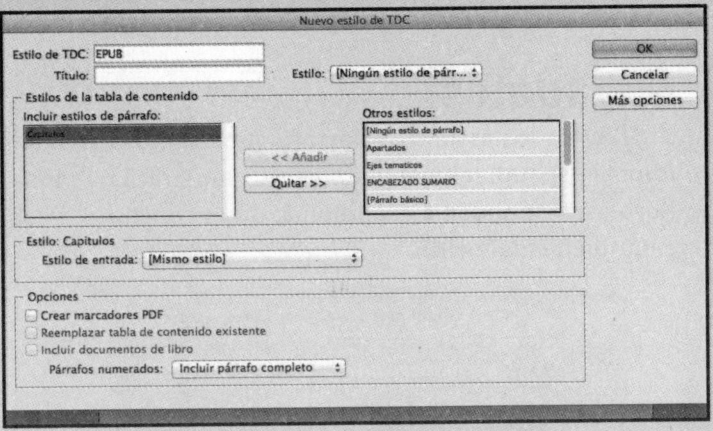

04 Al marcarlo se activará un botón denominado `Añadir` y se colocará dicho estilo en el panel de la izquierda. En `Opciones`, deseleccione `Crear marcadores PDF` (no es necesario puesto que no se trata de un `PDF`) y, por último, pulse OK. El estilo ya fue creado y luego lo aplicará al exportar el `EPUB`.

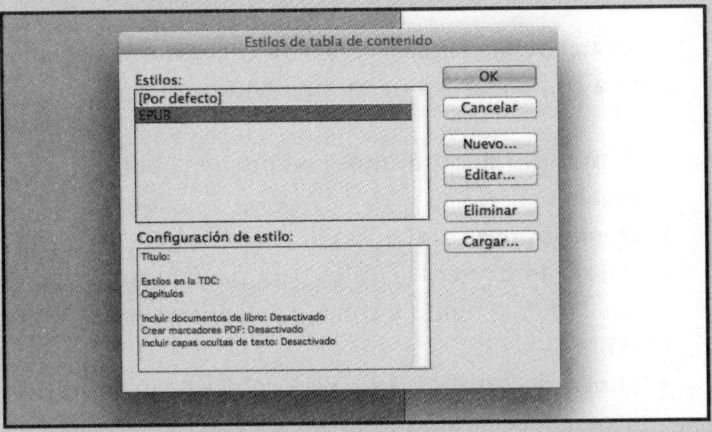

Publicación

Ha llegado el momento de publicar el EPUB. Antes de hacerlo, colocaremos una serie de **metadatos** (datos del documento que no se encuentran a la vista, pero que permiten buscar e identificar obras).

Metadatos

Si todos los estilos de párrafo que usamos están basados en el idioma español, el metadato **Lengua** mostrará que los contenidos del libro corresponden a ese idioma; de lo contrario, la obra podría no estar bien catalogada.

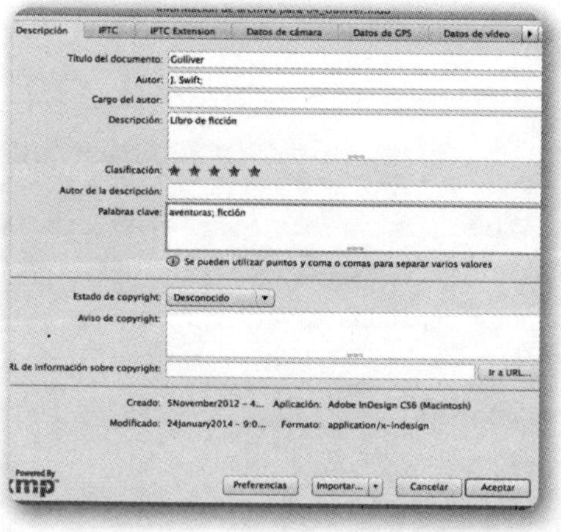

Figura 4. Podemos observar las solapas del cuadro de diálogo **Información de archivo**.

En **Archivo/Información de archivo** encontrará la solapa **Descripción**. Allí deberá completar los ítems siguientes:

- **Título del documento**: nombre de la obra.
- **Autor**
- **Descripción**
- **Palabras clave:** las útiles para realizar una búsqueda. Se puede usar coma o punto y coma para separar los valores.
- **ISBN**
- **Fecha de publicación**: será colocada automáticamente por el programa cuando se exporte a EPUB.
- **Nombre de la editorial**: debe figurar tal como lo veremos en el panel de exportación.

Exportación

Desde el menú **Archivo/Exportar** seleccionaremos el formato EPUB. Se abrirá un cuadro de diálogo compuesto por tres ventanas.

GV: EXPORTACIÓN A EPUB (GENERAL)

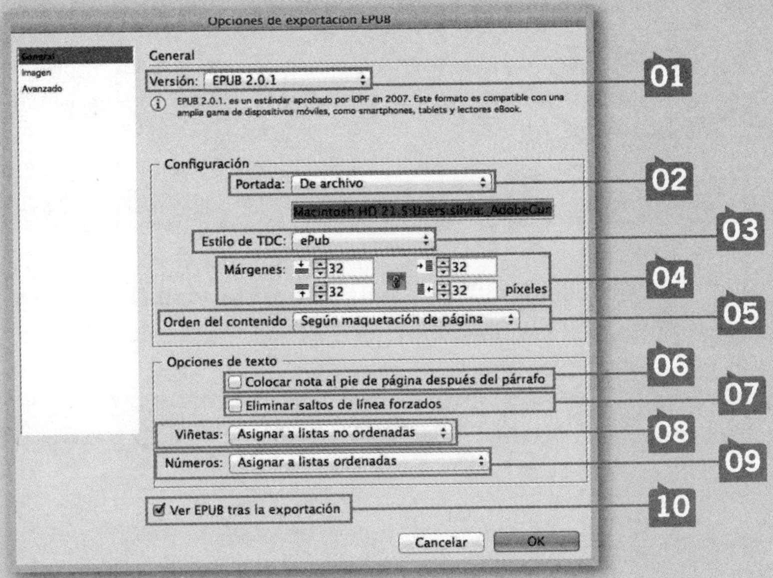

01 **Versión:** en la actualidad el formato **EPUB 2.0.1** se lee en todos los dispositivos y, por lo tanto, es el recomendado.

02 **Portada:** encontramos las opciones **Sin portada**, **Convertir la primera página en portada** y **De archivo** (permite seleccionar una portada previamente creada).

03 **Estilo de TDC:** si tenemos el estilo de tabla de contenido previamente creado, aparecerá en el listado de opciones y habrá que seleccionarla.

04 **Márgenes:** determina el espacio existente entre la ventana del software de lectura y el texto. Se mide en pixeles.

05 **Orden del contenido:** puede basarse en la maquetación de la página, ser igual al panel **Artículos** o a la estructura en XML.

06 **Colocar nota al pie de página después del párrafo:** es recomendable no seleccionar esta opción, ya que la lectura puede dificultarse.

▶

07 **Eliminar saltos de línea forzados:** en caso de no haberlo previsto durante la maquetación.

08 **Viñetas:** convierte todo listado basado en viñetas en etiquetas **<ul>** de HTML.

09 **Números:** convierte todo listado basado en numeración, en etiquetas **<ol>** de HTML.

10 **Ver EPUB tras la exportación:** esta opción posibilita la apertura automática del libro en el programa predeterminado por el sistema operativo, una vez que se produce la exportación.

Veamos ahora, en la siguiente **Guía visual**, los ítems comprendidos dentro del cuadro de diálogo de **exportación de imágenes**.

GV: EXPORTACIÓN A EPUB (IMAGEN)

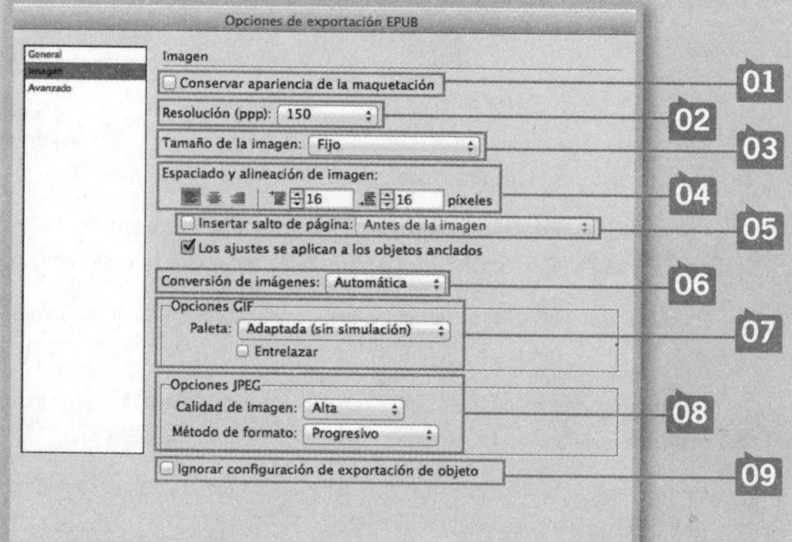

01 **Conservar apariencia de la maquetación:** esta opción exporta las imágenes al tamaño que tienen en la maqueta.

02 **Resolución (ppp):** permite seleccionar la resolución de salida en pixeles por pulgada.

03 **Tamaño de la imagen:** fijo o relativo al ancho de la pantalla. La imagen fija nunca cambia de tamaño, mientras que la relativa es adaptable.

04 **Espaciado y alineación de imagen:** permite ubicar la imagen en la pantalla y espaciarla con respecto al texto anterior y posterior.

05 **Insertar salto de página:** antes o después de la imagen.

06 **Conversión de imágenes:** si seleccionamos **Automática**, InDesign determinará la opción entre **GIF**, **JPG** o **PNG**.

07 **Opciones GIF:** en caso de elegir este formato, es posible establecer la calidad.

08 **Opciones JPEG:** en caso de elegir este formato, también es posible establecer la calidad.

09 **Ignorar configuración de exportación de objeto:** las imágenes pueden ser configuradas para su exportación de manera individual, desde **Objeto/Opciones de exportación de objetos/EPUB y HTML**.
Al marcar **Ignorar configuración de exportación de objeto** se anularán de una vez todas las configuraciones individuales previamente estipuladas.

RESUMEN

En este capítulo, hemos aprendido cómo generar publicaciones en formato EPUB a partir de documentos de InDesign. En este sentido, hemos visto cómo trabajar con textos, imágenes y estilos y cómo crear tablas de contenido. Finalmente, hemos aprendido el modo correcto de exportar nuestros archivos EPUB.

Actividades

TEST DE AUTOEVALUACIÓN

1 ¿Por qué en InDesign no aparece la opción de tamaño **EPUB**?

2 Enumere algunos de los atributos que contemplan los estilos de párrafo.

3 ¿Para qué se utilizan los estilos de carácter?

4 Explique la diferencia entre **resolución real** y **resolución efectiva**.

5 Enumere los formatos de los gráficos y de las imágenes que pueden exportarse para EPUB.

EJERCICIOS PRÁCTICOS

1 Retome el ejercicio realizado en el **Capítulo 4** y ajústelo para formato **EPUB**.

2 Cree los estilos de párrafo que crea pertinentes.

3 Agregue texto que contenga notas al pie.

4 Chequee el modo color en el que se encuentran las imágenes y su resolución.

5 Finalmente, exporte el documento en formato **EPUB**.

*08

Publicaciones digitales en formato PDF

Muchas publicaciones digitales están en formato PDF. Por esta razón, analizaremos las formas de generar documentos PDF, cómo editarlos y cómo trabajar con ciclos de revisión. También veremos las opciones que nos brinda Adobe Acrobat Pro para guardar un PDF en otros formatos.

Características del formato PDF

En el año 1992, Adobe se presenta en la COMDEX con un nuevo formato de archivo basado en el lenguaje de descripción de páginas Postscript llamado **PDF** (*Portable Document Format*), con el cual gana el premio **Best of Comdex** y al año siguiente lanza al mercado Acrobat 1.0.

> PDF ES EL FORMATO MÁS UTILIZADO POR LA MAYORÍA DE LOS DOCUMENTOS ELECTRÓNICOS

Los documentos PDF almacenan sus datos en formato binario, característica que permite visualizarlos e imprimirlos desde diferentes plataformas y dispositivos.

El formato PDF es un tipo de archivo que se utiliza para representar un documento independientemente de la aplicación, sistema operativo y hardware que se hubiera utilizado para crearlo. Esta es una de las grandes virtudes del formato PDF, ya que, por ejemplo, al guardar con este formato un documento creado en Macintosh, es posible visualizarlo con la misma apariencia en Windows o Linux, una tableta, un smartphone o un documento impreso.

Aunque en sus inicios el formato PDF solamente era utilizado en ámbitos de autoedición, este evolucionó de tal manera que hoy en día es el más empleado para la mayoría de los documentos electrónicos: formularios, libros, etcétera.

Principales propiedades del formato PDF

- Es posible crearlo desde una gran cantidad de aplicaciones.
- Se puede visualizar en múltiples plataformas y dispositivos (PC, tabletas y smartphones).
- Puede incluir mapas de bits, vectores, texto y elementos multimedia (animaciones en Flash, video, sonido y 3D).
- Permite incrustar las fuentes.
- Puede contener campos de formulario (espacios para completar).
- Es compacto y liviano.

- Es independiente del dispositivo: un mismo archivo se puede imprimir tanto en una impresora de chorro de tinta como en una filmadora.
- Es accesible ya que admite etiquetas que posibilitan la interpretación desde dispositivos de lectura de pantalla. Además, permite exportar en texto para la impresión en braille.
- Es un estándar ISO, por lo tanto, existen muchas aplicaciones gratuitas que permiten visualizar este tipo de archivos.
- Es seguro, ya que encripta el documento mediante una contraseña, un certificado y la aplicación de un DRM.

Evolución del PDF

El formato PDF ha ido evolucionando a lo largo del tiempo. Una muestra de esto son las múltiples versiones de PDF que, año tras año, incorporan nuevas características. En 1993, Adobe saca al mercado la versión **Acrobat 1.0** (correspondiente a la **versión 1.0** de PDF), que permite la incrustación de fuentes y admite el espacio de color RGB, y los enlaces internos y marcadores.

Al año siguiente, lanza **Acrobat 2.0** (correspondiente a la **versión 1.1** de PDF), que incluye características de seguridad y permite vínculos externos y anotaciones. La versión de **Acrobat 2.1** permitía incorporar elementos multimedia (audio y video).

Acrobat 3.0 (correspondiente a la **versión 1.2** de PDF) aparece en 1996. En esta versión, se incorporan características muy importantes para la industria gráfica: el espacio de color CMYK, los colores directos y la inclusión de los valores de sobreimpresión.

Acrobat 4.0 (correspondiente a la **versión 1.3** de PDF) sale en el año 1999, incorporando mejoras para el área gráfica, como por ejemplo, el espacio de color Device N, una nueva tecnología para degradados y fuentes CID de doble bit (caracteres asiáticos).

En 2001, se incorpora **Acrobat 5.0** (correspondiente a la **versión 1.4** de PDF), en donde se incluyen mejoras en la seguridad, se brinda soporte para transparencias y permite automatizar ciertos procesos.

En 2003 aparece **Acrobat 6.0 (versión 1.5** de PDF) que, como novedad, admite capas, incorpora la función de *preflight* (chequeo de documentos) y permite el formato **JPEG2000**, entre otras mejoras.

Acrobat 7.0 (correspondiente a la **versión 1.6** de PDF) sale en el año 2005. Esta versión permite la incorporación de elementos 3D y agrega mejoras en el soporte para las transparencias y las capas.

Acrobat 8.0 (**versión 1.7** de PDF) se lanza en 2006 e incluye mejoras en la función de *preflight* (es posible realizar reparaciones) y en los comentarios (permite comentarios sobre elementos 3D).

En enero de 2007, Adobe anuncia su intención de liberar el formato PDF versión 1.7 y transformarlo en una norma ISO (Organización Internacional de Normalización).

En julio de 2008 se publica la norma ISO 32000-1 basada en PDF 1.7. El hecho de que el formato se transformara en una norma ISO significa que ya no es un formato propietario de Adobe. Esta situación permite a cualquier desarrollador crear aplicaciones para visualizar y editar PDF.

Las versiones posteriores de Acrobat (de la **versión 9.0** a la **XI**) siguen teniendo la especificación de **PDF 1.7**.

Estándar PDF

En julio de 2008, cuando se publica la norma ISO 32000-1, el formato PDF se transforma en un estándar. Existen sectores, como el de la industria gráfica, que tienen un estándar específico de PDF; este es el estándar **PDF/x**. Este estándar también cuenta con distintas versiones que, de manera particular, tienen determinadas características definidas en diferentes normas que hacen referencia a una versión específica de PDF. Para el sector de ingeniería, existe el estándar **PDF/e**; para la preservación de documentos digitales a largo plazo, el estándar **PDF/a**; el área de la salud utiliza el estándar **PDF/h**; y el estándar **PDF/ua** se creó para documentos accesibles (para personas con algún tipo de discapacidad).

CREACIÓN DE PDF ONLINE GRATIS

Si necesitamos convertir un documento a PDF y no disponemos de ningún software para tal fin instalado en nuestro equipo, podemos acceder a servicios online gratuitos que realizan esta tarea. Entre ellos, se destacan: **www.pdfonline.com**, **www.freepdfconvert.com**, **www.zamzar.com** y **www.pdf4u.com**.

Interfaz de Acrobat

Adobe Acrobat Pro es un editor nativo de PDF, es decir, es una aplicación que nos permite editar documentos PDF, pero no crearlos desde cero. No utilizaríamos Acrobat para crear un aviso para una publicación y, mucho menos, para crear una publicación como un diario, una revista o un libro.

Si nos fijamos en la interfaz de Acrobat Pro, podremos apreciar que, en el menú de archivo (común a cualquier aplicación), no existe la opción de **Nuevo documento**.

Si hemos trabajado con la versión de Acrobat 9 o una anterior, notaremos que, en Acrobat X, Adobe cambió el aspecto de la interfaz de la aplicación. En esta oportunidad, veremos la interfaz de **Acrobat XI**, versión que mantiene muchas similitudes con la versión anterior de Acrobat, pero que incorpora algunas mejoras.

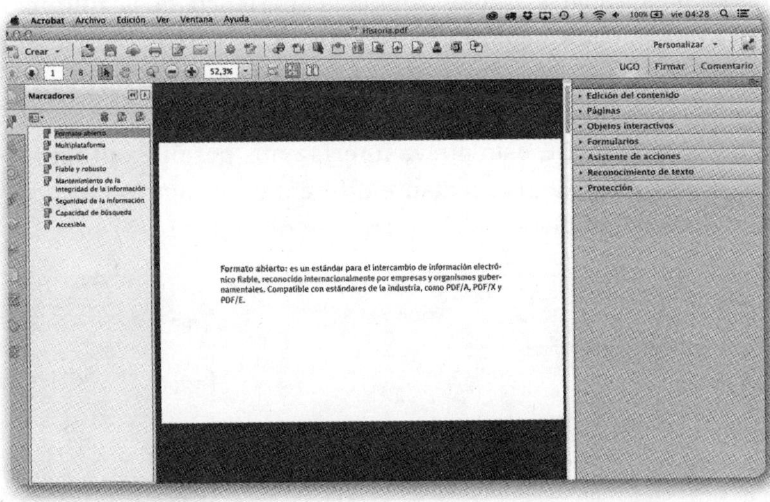

Figura 1. La interfaz de Acrobat XI con sus paneles y barra de herramientas totalmente configurables.

- **Barra de menús:** comparada con la versión 9 o anterior de Acrobat Pro, la barra de menús en la versión XI tiene un aspecto minimalista. Cabe destacar que podemos acceder mediante el botón derecho a menús contextuales propios de la herramienta que estemos utilizando.
- **Panel de documento:** en el panel de documento, observaremos las diferentes páginas que componen un documento.

- **Barras de herramientas:** en Acrobat XI es posible personalizar la barra de herramientas y guardarla en un conjunto de herramientas (el equivalente a los espacios de trabajo de otras herramientas de Adobe, por ejemplo, InDesign, Photoshop e Illustrator)
- **Panel de navegación:** desde el panel de navegación, podremos acceder a una serie de herramientas que nos permiten realizar diversas tareas en documentos PDF: por ejemplo, la visualización y gestión de páginas, marcadores y capas, entre otras.
- **Paneles de tareas:** en esta versión, podremos definir los comandos que utilizamos más a menudo en el panel de tareas y almacenarlos en un conjunto de herramientas (igual que la personalización de la barra de herramientas).

Personalización de herramientas

A partir de Acrobat X, Adobe cambia la apariencia de la aplicación; esto hace que muchos usuarios se sientan desorientados con la nueva disposición de las herramientas, la simplificación de los menús y los paneles de tareas. A pesar de todo, teniendo en cuenta la versatilidad de los documentos PDF, esta nueva interfaz nos permite optimizar nuestro espacio de trabajo mediante diferentes conjuntos de herramientas, dependiendo de la tarea que debamos realizar.

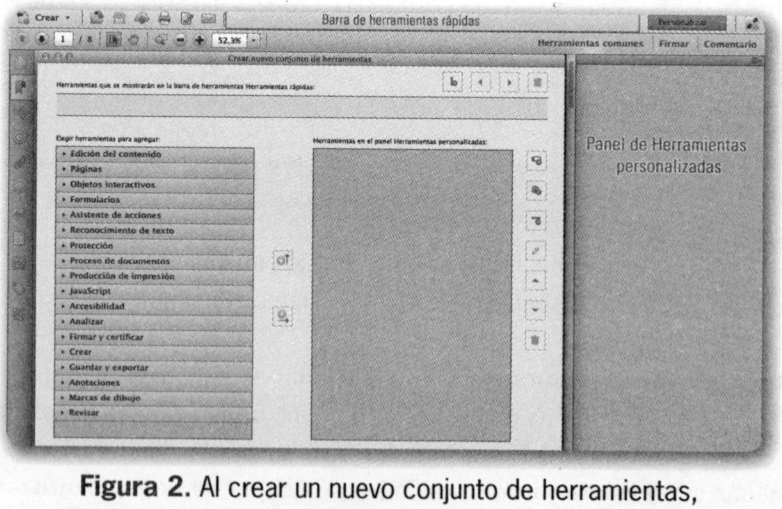

Figura 2. Al crear un nuevo conjunto de herramientas, se mostrarán en el **`Panel de Herramientas personalizadas`** y en la **`Barra de Herramientas rápidas`**.

Las herramientas predeterminadas están organizadas de tal manera que, con el fin de facilitar la comprensión, aun las diferentes tareas por utilizar en los documentos PDF están bien situadas. Además, también es posible crear nuestro propio conjunto de herramientas.

Crear documentos PDF

Existen múltiples formas de crear un documento PDF: aplicaciones gráficas, aplicaciones no gráficas o mediante un servicio web. También, desde el momento en el que el formato PDF se transformó en un estándar ISO, aparecieron muchas aplicaciones gratuitas que permiten crear documentos PDF.

Al instalar completo el Adobe Acrobat Pro, además de obtener las aplicaciones Acrobat Pro, Distiller y FormsCentral, accederemos a una impresora virtual llamada **Adobe PDF**, que nos permitirá crear documentos PDF desde cualquier aplicación (mediante la opción **Imprimir**).

> LOS CONJUNTOS DE HERRAMIENTAS DE ACROBAT X NOS PERMITEN OPTIMIZAR MEJOR EL TRABAJO

En el caso de contar con el paquete de Office a la hora de instalar Acrobat Pro, se agregará de forma automática una serie de componentes y herramientas en sus diferentes aplicaciones (Word, Excel y PowerPoint) que nos permitirán, de forma directa, realizar diversas tareas relacionadas con el formato PDF (entre ellas, guardar en formato PDF o guardar y enviar adjunto por correo electrónico).

Desde aplicaciones gráficas

A partir de la creación de la **Creative Suite**, Adobe incorpora **Distiller** a todas las aplicaciones gráficas (InDesign, Illustrator, Photoshop). Esto significa que, a la hora de crear un documento PDF, utilizaremos Acrobat Distiller, herramienta desde la cual accederemos a las distintas configuraciones predeterminadas para la generación de PDF y guardaremos las personalizadas, que quedarán disponibles para todas las aplicaciones de la suite. Para los fines de la obra, analizaremos cómo crear un PDF desde InDesign.

PAP: CREACIÓN DE PDF DESDE INDESIGN

01 En el caso de que el PDF sea para imprimir, seleccione `Archivo/Exportar...`, escoja `Adobe PDF (Imprimir)` como formato por generar y presione `Guardar` para acceder al cuadro de diálogo que le permitirá configurar las características del nuevo PDF.

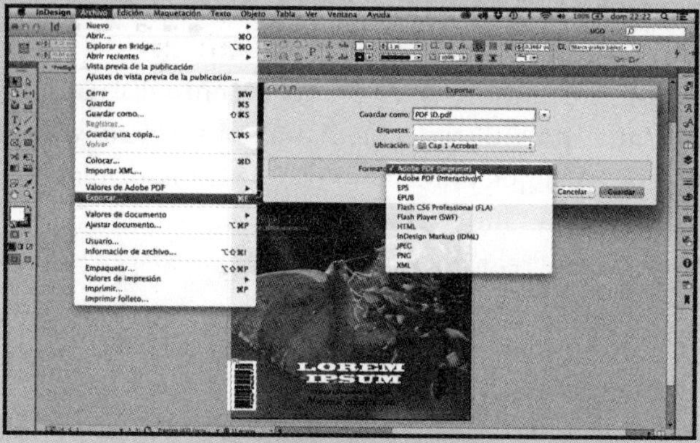

02 Seleccione, en el panel izquierdo, la opción **General**. Defina el Valor de PDF que desea, marque la opción que incluye todas las páginas para la impresión y seleccione el botón `Ver PDF después de exportar`.

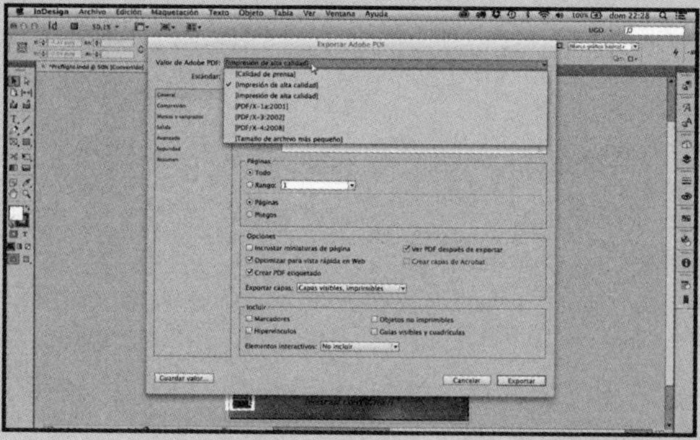

03 Desde la opción `Compresión`, determine la resolución, compresión y calidad de las imágenes que desea. En el caso de contar con imágenes muy pesadas, seleccione la opción `Impresión de alta calidad`. Esta herramienta disminuirá a 300 dpi todas las imágenes que detecte con una resolución mayor a 450 dpi.

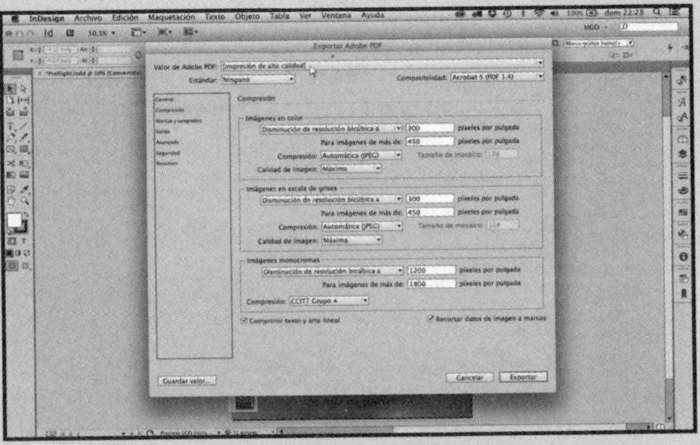

04 En la opción de `Marcas y sangrado`, indique qué marcas desea agregar al documento que exportará. Indique el sangrado del documento; este elemento es de suma importancia ya que evita cortes y desplazamientos incorrectos en la impresión.

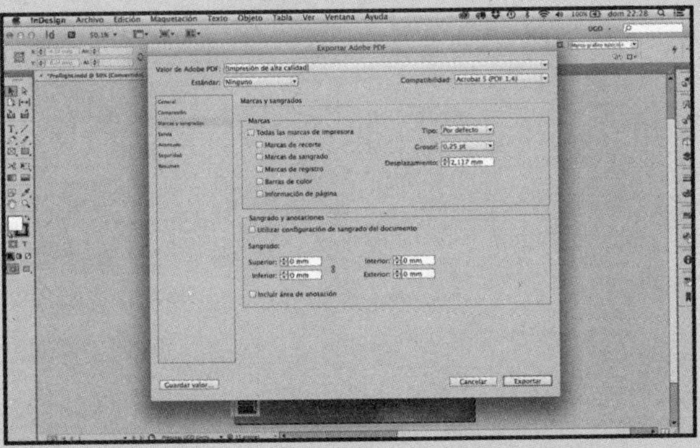

05 En la opción `Salida`, seleccione las opciones de color y administración de las tintas deseadas. La `Conversión de color` transforma las imágenes del documento de modo RGB a CMYK (para impresión), y el `Administrador de tinta` determina si las tintas especiales se imprimirán con los colores CMYK.

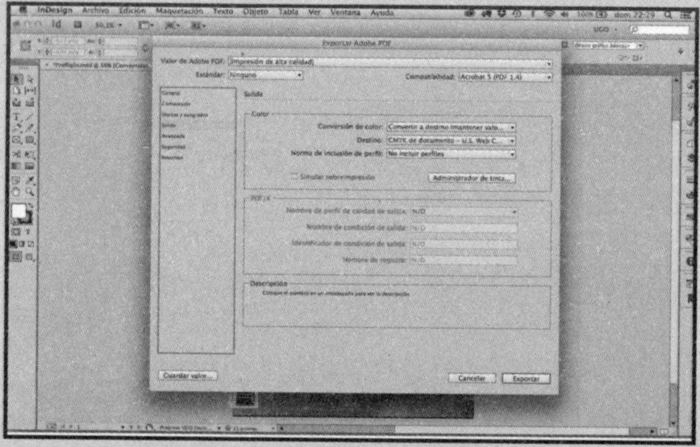

06 En la sección Avanzado, determine el valor que tendrán las fuentes. De manera predeterminada aparece un valor del 100%. Si modificamos este valor a un número menor, el documento incrementará su peso, pues de este depende si se incrusta la familia de fuentes completa o un subconjunto.

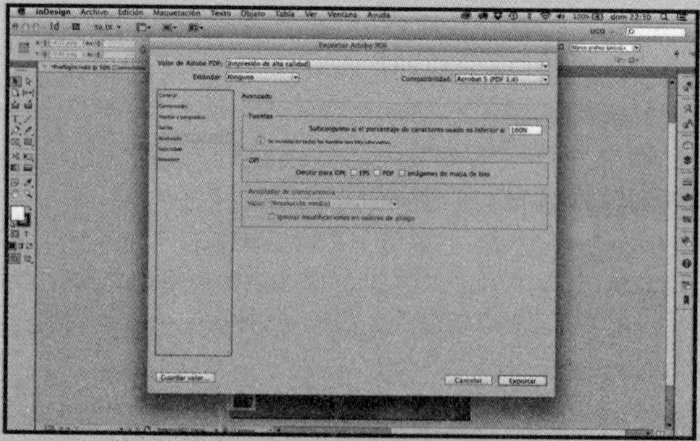

07 En el caso de que necesite crear una contraseña para asegurar un documento, seleccione la opción `Seguridad` del panel izquierdo.

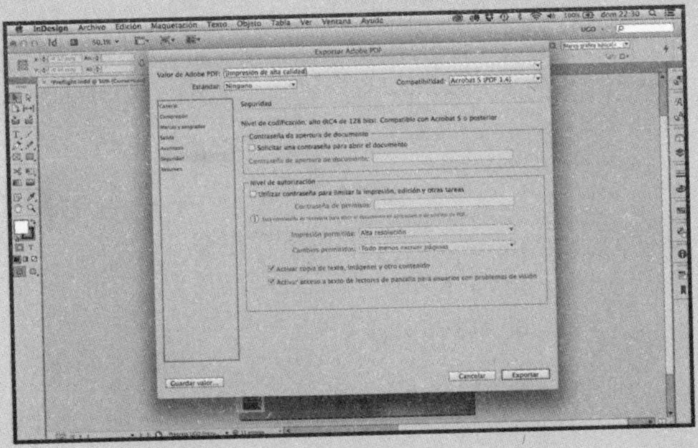

08 Si desea ver todas las opciones que configuró para el nuevo documento, seleccione la herramienta `Resumen`; si hubiera alguna advertencia, aparecerá en la parte de `Avisos`. Si configuró de manera personalizada alguno de los diferentes ítems y desea guardarlo, presione la opción `Guardar valor`.

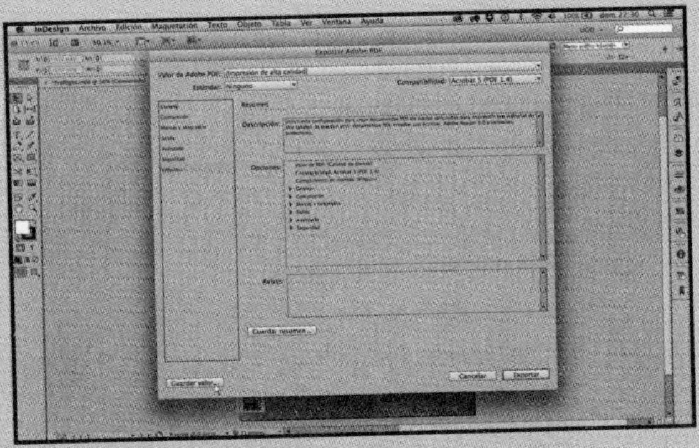

09 En el caso de que desee exportar un Documento PDF interactivo (que incluye hipervínculos, animación y video) desde InDesign, seleccione `Archivo/Exportar...` y escoja como formato Adobe `PDF (interactivo)`.

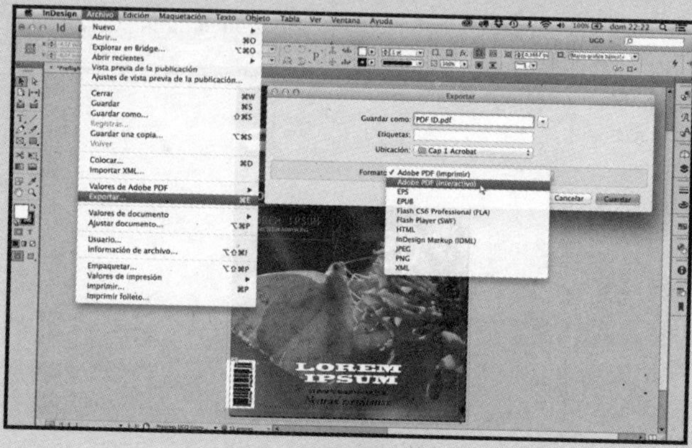

10 En el cuadro de diálogo que se abrirá, seleccione el número de páginas por exportar, puede ser todo el documento o un rango determinado. Dentro de `Vista`, configure el tamaño en que se mostrará el PDF al abrir; en `Maquetación` defina si lo verá con páginas individuales o enfrentadas, y en la `Administración de imágenes` defina la compresión, calidad y resolución de las imágenes incluidas en el PDF.

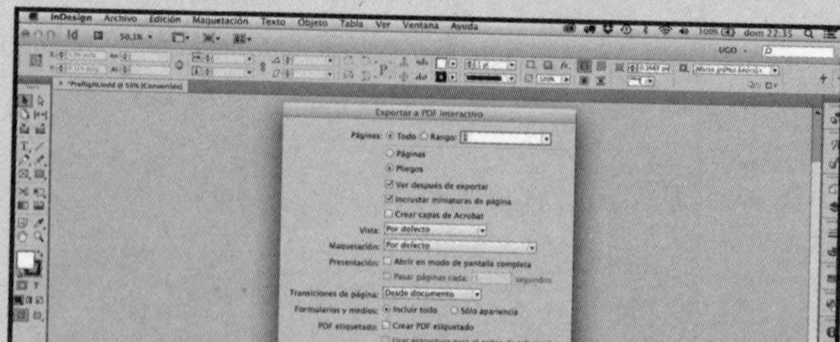

Crear PDF desde aplicaciones no gráficas

En muchas **aplicaciones no gráficas**, por ejemplo, en programas de Ofimática (aplicaciones para oficina), como Microsoft Office, WordPerfect Office, Open Office o Libre Office, se incluye la opción de guardar o exportar como PDF. Existen también diversos servicios web que permiten realizar la conversión a PDF de manera online.

Desde Acrobat

En Adobe Acrobat es posible crear documentos PDF desde diferentes sectores, aunque volvemos a destacar que no existe la opción de **Nuevo documento**, pues Acrobat no es un programa de autoría, sino un **editor nativo** de PDF.

Para crear un PDF desde Acrobat, debemos acceder al menú **Archivo** y a la herramienta **Crear**. A continuación, veremos los diferentes archivos que Adobe Acrobat nos permite convertir a PDF y los modos en que es posible realizar esta tarea.

> LOS MARCADORES NOS PERMITEN EXPLORAR LOS DOCUMENTOS EFICIENTEMENTE

Edición de documentos PDF

Un documento PDF está integrado por **capas de información** de diferente tipo (imágenes, texto, videos, etcétera), lo que permite que el documento pueda ser modificado o exportado a un formato más práctico para que quien lo reciba pueda manejarlo más fácilmente. En las siguientes páginas, veremos el modo de editar este tipo de documentos.

ACROBAT.COM

En Acrobat.com (**www.acrobat.com**) encontraremos una serie de servicios online basados en PDF. Simplemente debemos registrarnos con un ID de Adobe (gratis) y, al acceder, dispondremos de un espacio online desde el que podremos almacenar documentos y acceder a los siguientes programas: Acrobat Plus, EchoSign, Export PDF, FormsCentral, PDF Pack y SendNow.

GV: ARCHIVOS PARA CONVERTIR EN PDF DESDE ADOBE ACROBAT

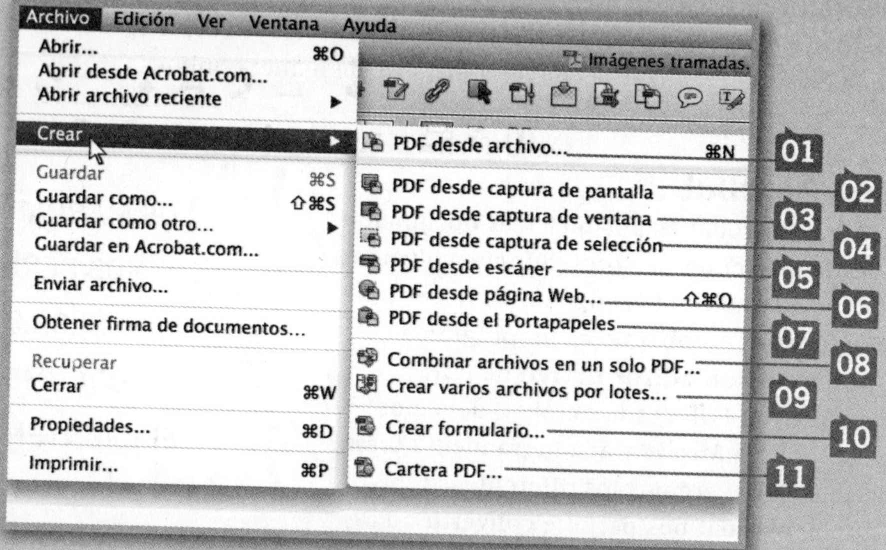

01 **PDF desde archivo...**: muestra los archivos disponibles para convertir. Es la opción que ofrece mayor diversidad de archivos por escoger (imagen, texto, HTML, multimedia y 3D).

02 **PDF desde captura de pantalla**: accesible solo a los usuarios del sistema Mac; permite realizar una captura de pantalla para convertirla en un documento PDF. En Windows, solo es posible mediante la tecla de captura de pantalla (**PrintScreen**).

03 **PDF desde captura de ventana**: accesible solo a los usuarios de Mac; permite realizar una captura de la ventana activa para crear un documento PDF. En Windows, solo es posible mediante las teclas **ALT + PrintScreen**.

ABRIR UN PDF EN INDESIGN

Ya que no es posible realizar modificaciones en un documento PDF desde Adobe InDesign, se han creado plugins que nos permiten abrir documentos PDF sin inconvenientes. La primera alternativa fue creada por la empresa Recosoft: el plugin se llama PDF2ID. Y la segunda, por la empresa Markzware, que desarrolló el plugin PDF2DTP.

▶

04 **PDF desde captura de selección**: exclusiva de Macintosh; habilita la selección de una parte de la pantalla para que, con dicha selección, se cree un documento PDF.

05 **PDF desde escáner**: permite la creación de un documento PDF a partir de las páginas que escaneamos. Dentro de este proceso, es posible configurar la calidad y el reconocimiento óptico de caracteres.

06 **PDF desde página web**: permite capturar una página o un sitio web y convertirlo en un documento PDF.

07 **PDF desde el portapapeles**: crea un documento PDF con el contenido del portapapeles.

08 **Combinar archivos en un solo PDF**: permite combinar diferentes documentos (entre todos los admitidos por Acrobat para la conversión) en un solo documento PDF. En la versión de Windows, es posible combinar archivos de Word, Excel y PowerPoint.

09 **Crear varios archivos por lotes**: permite crear en un mismo momento varios documentos PDF.

10 **Crear formulario**: crea un formulario a partir de un documento existente, desde cero o una plantilla.

11 **Crear una cartera PDF**: funciona como contenedor de archivos. Puede tener una portada y una presentación (en Flash) con diferentes temas para escoger en el momento de la creación.

Agregar marcadores

Hoy en día, cuando hablamos de publicaciones electrónicas, nos referimos a múltiples formatos de archivos entre los cuales encontramos el formato PDF. Un documento PDF puede contener **marcadores**, elementos que nos permiten estudiar el documento de una manera más eficiente y dinámica. Dichos marcadores se pueden agregar desde la aplicación en la que se ha creado el documento (por ejemplo, PageMaker, Quark Xpress e InDesign) o directamente desde el documento PDF utilizando Adobe Acrobat Pro.

Por ejemplo, para agregar marcadores a los documentos en Adobe InDesign debemos seleccionar el texto deseado y escoger la opción

Nuevo marcador, mediante la paleta de **Marcadores** o a través del menú **Ventana/Interactivo/Nuevo marcador**. Si quisiéramos exportar el archivo que incluye los marcardores, seleccionamos desde el menú **Archivo/exportar/** la opción de **PDF interactivo**. Una vez creado el documento PDF, debemos abrirlo desde Acrobat Reader y acceder al menú **Ver/Mostrar-Ocultar/Paneles de Navegación/Marcadores** para poder ver los marcadores.

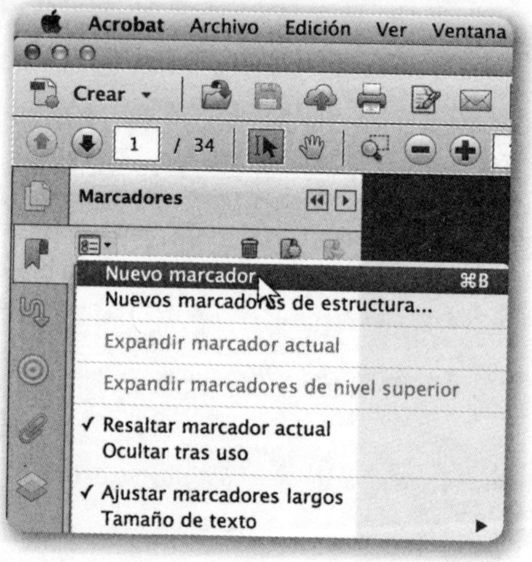

Figura 3. Es posible crear marcadores desde Acrobat Pro, accediendo por medio del panel izquierdo a la herramienta **Marcadores** y seleccionamos la opción **Nuevo** marcador.

Agregar vínculos

Los documento PDF nos permiten ingresar diversos tipos de vínculos. Algunos de ellos son: ir a una página determinada del documento, acceder a un archivo externo, una página en internet, disparar un elemento multimedia o ejecutar un ítem del menú.

Adjuntar archivos

Una de las opciones poco conocidas de los documentos PDF es la posibilidad de adjuntar archivos. Un caso en el que necesitaremos

ADOBE READER

El panel **Revisar** no aparece en la versión de Adobe Reader, ya que solo es posible administrar revisiones compartidas de comentarios desde las versiones profesionales de Acrobat.

adjuntar un archivo puede ser el de un documento PDF que utiliza una fuente que se encuentra protegida y no es posible incrustarla. Para verlo con la misma tipografía, el receptor del documento tendrá que instalar dicha fuente en su sistema. Para esto, primero debe desplegar el panel de adjuntos (si no se encuentra en el panel lateral, accedemos desde el menú **Ver/Mostrar-Ocultar/Paneles de navegación/Archivos adjuntos**).

Una vez desplegado el panel de archivos adjuntos, desde este menú vamos a la opción **Agregar archivo adjunto**. Al abrirse el cuadro de diálogo con los archivos, debemos definir los que deseamos adjuntar y hacer clic en el botón **Abrir**. De esta manera, se sumarán a la lista de archivos adjuntos. Para extraer los archivos adjuntos, desplegamos el menú del panel de archivos adjuntos, seleccionamos el indicado y elegimos la opción **Guardar archivo adjunto**. Para poder ver el archivo, vamos a la opción **Abrir el archivo adjunto**.

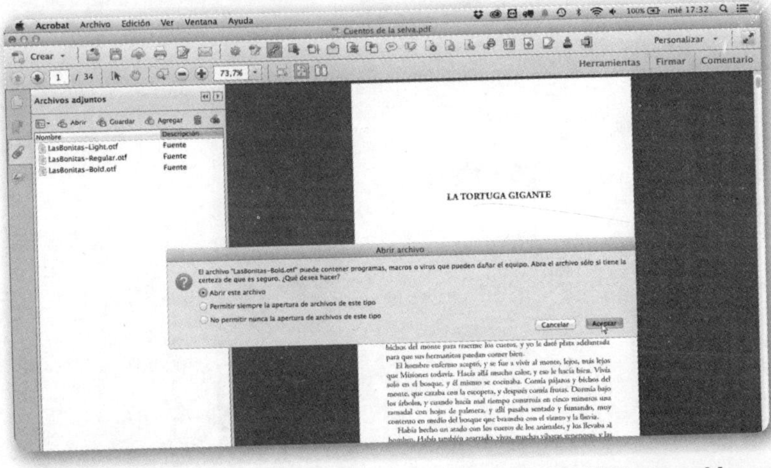

Figura 4. Al clickear en la opción **Abrir el archivo adjunto** se desplegará un cartel de seguridad que nos advertirá sobre la posibilidad de que el archivo por abrir contenga virus.

VENTANAS EMERGENTES

Al hacer clic o doble clic sobre el texto en el que aplicamos las herramientas de comentarios, se habilitará una ventana emergente. En ella podemos redactar nuestros comentarios. Es una herramienta útil cuando se trabaja con lecturas conjuntas ya que pueden visualizarse los comentarios de todos los participantes.

Edición de texto

En Acrobat Pro XI se incorporaron mejoras en cuanto a la edición del texto. En esta versión, el proceso es más intuitivo. Un ejemplo de esto se da cuando, al seleccionar la herramienta **Editar textos e imágenes**, se enmarcan los diferentes párrafos que componen la página de nuestro documento, facilitando nuestra tarea. Para visualizar el marco de texto de cada uno de los párrafos de la página, debemos ir al menú **Herramientas/Edición de contenido**. En caso de que quisiéramos editar un texto y no tuviéramos la fuente disponible, aparecerá la advertencia que indica que dicha fuente está ausente en el sistema. Además, cuando agregamos texto y nos extendemos más allá del marco de texto existente, Acrobat ajusta de forma automática dicho marco para contener el texto.

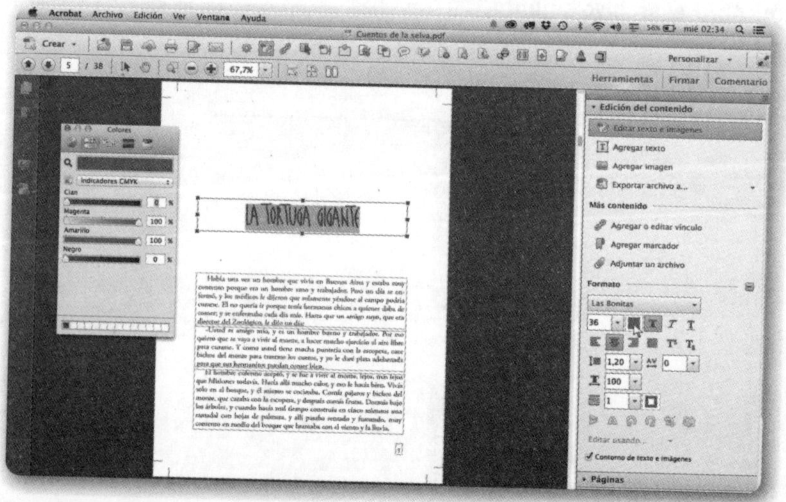

Figura 5. Desde la opción **Formato**, podemos cambiar los atributos de color de la tipografía.

ELIMINAR COMENTARIOS

En un proceso de revisión compartida no se pueden borrar los comentarios hechos por terceros. Pero, si deseamos borrar de un PDF los que no formen parte del ciclo de revisión, seleccionaremos **Herramientas/Protección/Remover información oculta**. Luego, pulsaremos el botón **Quitar** ubicado en el cuadro de diálogo de la izquierda. Esta característica no se encuentra en Adobe Reader.

Edición de imágenes

Si bien la edición de imágenes dentro de Acrobat Pro no es propia de las últimas versiones, sí es cierto que algunas de las opciones que se incorporaron en esta versión crean un proceso más simple y cómodo. Para esto, al igual que para la edición de texto, accederemos a la herramienta **Editar texto e imágenes.**

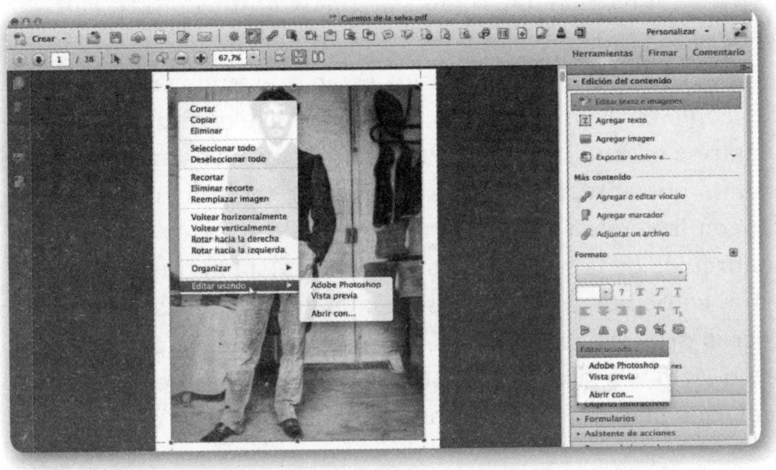

Figura 6. `Editar usando`... nos permite modificar imágenes desde otras aplicaciones.

Lo primero que debemos hacer es determinar el editor de imágenes. Para esto hay que acceder a las preferencias de Acrobat Pro, mediante el atajo de teclado **Control + K** en Windows o **Comando + K** en Macintosh, y seleccionar en la ventana emergente la opción **Edición de contenido**. Luego, presionamos el botón **Editor de imágenes** para seleccionar el indicado, por ejemplo, Photoshop. Para activar las herramientas para modificar la imagen, debemos hacerlo desde **Editar texto e imágenes.**

Para modificar la imagen en otras aplicaciones que permiten editar los mapas de bits, debemos acceder también a **Editar texto e imágenes** y seleccionar la opción **Editar usando...**. Al desplegar la herramienta, se abrirá una lista con las aplicaciones. Seleccionamos Photoshop y realizamos los cambios en la imagen. Al querer cerrar el programa, aparecerá un cuadro de diálogo que nos preguntará si deseamos guardar los cambios generados (el archivo tendrá un nombre raro con extensión **PDF**, porque es temporario). Seleccionamos **Guardar**, volvemos a Acrobat y notaremos que la imagen presenta los nuevos ajustes.

Revisión de documentos

Adobe Acrobat hace posible, de manera sencilla, el intercambio de comentarios en equipos de trabajo y en ciclos de revisión. A través del **sistema de comentarios** de Adobe Acrobat cada uno de los protagonistas se encarga de comentar las anotaciones en el archivo digital hasta obtener una versión definitiva que, incluso, podrá ser rubricada mediante una firma digital.

Las herramientas de comentarios están presentes tanto en Adobe Reader como en Acrobat Pro, por lo que los usuarios que realicen comentarios en un documento PDF pueden utilizar tanto uno como el otro. No obstante, para iniciar un ciclo de revisión, es necesario contar con la versión Acrobat Pro ya que solo a través de ella dispondremos de la herramienta **Rastreador**. Esta herramienta nos muestra, en tiempo real, los nuevos comentarios que se incorporan al proceso de revisión, nos permite observar quiénes participan de dicho ciclo y, a la vez, hace posible detener el ingreso de los comentarios mediante la determinación de una fecha límite.

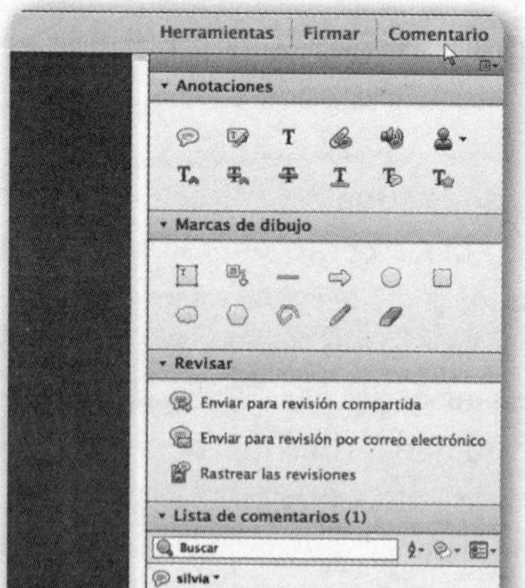

Figura 7. Desde el panel **Comentarios** podremos marcar y compartir los comentarios de nuestro documento.

Un **ciclo de revisión** es el proceso en el que un usuario, apoderado de la administración, se encarga de distribuir y seguir el documento PDF que será comentado. Estos ciclos de revisión, que pueden ser compartidos o basados en correo electrónico, contienen cuadros de diálogos y notificaciones en la parte superior del PDF, que permiten su distribución con instrucciones y herramientas especiales.

Dentro de los paneles por defecto que aparecen en la zona superior derecha de Acrobat, se encuentra el panel **Comentario**. Este se divide en cuatro categorías: **Anotaciones**, **Marcas de dibujo**, **Revisar** y **Lista de comentarios**.

Marcado de documentos

Como existe una gran variedad de recursos para comentar documentos PDF, lo ideal es establecer un sistema de comunicación entre colegas para acordar cuáles serán las herramientas que mejor se adaptan a sus necesidades. En algunos casos, solo bastará con insertar un sello que indique la aprobación o no del documento; mientras que, en otros casos más complejos, el ciclo de revisión incluirá anotaciones varias, sustituciones de textos y marcas de dibujo, entre otras posibilidades.

Guardar desde Acrobat

Con Adobe Acrobat es posible guardar los documentos en múltiples formatos; entre ellos, se destaca la posibilidad de guardar un documento PDF en Word y, en el caso de que contenga algún texto como imagen, es posible indicarle que reconozca el texto de dicha imagen al momento de guardar mediante OCR. Esto nos permite guardar en diferentes estándares, como **PDF/a**, **PDF/x** y **PDF/e**.

También es posible ampliar funciones para Adobe Reader, como la habilitación de las herramientas de comentarios y mediciones que, por defecto, no están habilitadas.

RESUMEN

En este capítulo, vimos las características del formato PDF y las diferentes versiones y estándares que existen. Estudiamos las formas para generar documentos PDF, desde programas externos a Adobe como del mismo Adobe Acrobat Pro. También abordamos los modos de editar estos documentos y cómo trabajar en ciclos de revisión. Además, analizamos las opciones para guardar documentos PDF en múltiples formatos.

Actividades

TEST DE AUTOEVALUACIÓN

1 Describa las principales características del formato **PDF**.

2 ¿Qué significa que el formato PDF se ha convertido en **estándar**?

3 Realice una tabla en la que se visualicen las evoluciones del formato PDF.

4 Enumere y describa las formas de crear un documento PDF.

5 ¿Qué es un **marcador** y para qué sirve?

EJERCICIOS PRÁCTICOS

1 Inicie y programa y abra un archivo en PDF que contenga imágenes, obtenido a lo largo de este libro.

2 Edite las imágenes, rótelas y recórtelas.

3 Cambie la tipografía del texto por una que sea de su agrado.

4 Explore las barras de herramientas.

5 Coloque comentarios en el archivo y guárdelo.

usershop.redusers.com → Obtenga información detallada

La guía ideal para conocer los fundamentos de C++, su sintaxis básica y cómo escribir el primer programa en este lenguaje.

→ 352 páginas / ISBN 978-987-1949-64-9

Guía de referencia que posibilita una consulta puntual, eficaz y directa acerca de cuestiones que siempre generan dudas.

→ 320 páginas / ISBN 978-987-1949-67-0

Los discos duros no han dejado de evolucionar hacia la miniaturización, máxima velocidad y capacidad de almacenamiento.

→ 192 páginas / ISBN 978-987-1949-65-6

Ideal para quienes desean aprender a animar imágenes y textos, añadir efectos y mezclar elementos 3D con escenas filmadas.

→ 320 páginas / ISBN 978-987-1949-57-1

Las herramientas Arduino y Raspberry Pi cuentan con una gran comunidad de usuarios, flexibilidad y facilidad de uso.

→ 320 páginas / ISBN 978-987-1949-56-4

Una obra que une dos mundos aparentemente distanciados y casi antagónicos: la electrónica analógica y la electrónica digital.

→ 320 páginas / ISBN 978-987-1949-55-7

La potencia de HTML5, CSS3 y JavaScript permite realizar sitios interactivos, de alto impacto visual y excelente performance.

→ 352 páginas / ISBN 978-987-1949-45-8

La obra indicada para conocer las bases de la electrónica y capacitarse en el armado de circuitos y dispositivos electrónicos.

→ 320 páginas / ISBN 978-987-1949-54-0

Consejos y técnicas indispensables para lograr una correcta implementación y configuración de servidores en redes de datos.

→ 320 páginas / ISBN 978-987-1949-48-9

+ 54 (011) 4110-8700 usershop@redusers.com